오미마을
사람들의
민족운동

오미마을 사람들의 민족운동

초판 제1쇄 인쇄 2009. 1. 16.
초판 제1쇄 발행 2009. 1. 21.

지은이   김희곤·강윤정
펴낸이   김경희
펴낸곳   (주)지식산업사
        본사 ● 413-832, 경기도 파주시 교하읍 문발리 520-12
           전화 (031) 955-4226~7 팩스 (031)955-4228
        서울사무소 ● 110-040, 서울시 종로구 통의동 35-18
           전화 (02)734-1978 팩스 (02)720-7200
        한글문패   지식산업사
        영문문패   www.jisik.co.kr
        전자우편   jsp@jisik.co.kr
        등록번호   1-363
        등록날짜   1969. 5. 8.

책값은 뒤표지에 있습니다.

ⓒ 김희곤·강윤정, 2009
ISBN 978-89-423-1119-4 03910

이 책을 읽고 저자에게 문의하고자 하는 이는
지식산업사 전자우편으로 연락바랍니다.

오미마을 사람들의 민족운동

김희곤·강윤정 지음

지식산업사

머리말

사람마다 이야기가 없을 수 없고, 마을마다 역사가 없을 수 없다. 오래된 마을이면 더욱 그렇다. 긴 역사를 이어오는 마을을 흔히 전통마을이라 부른다. 안동에는 전통마을이 많고, 더구나 이름난 마을이 수십 곳이나 된다.

전통마을이라고 하여 모두가 지배계층 마을은 아니다. 그 가운데에는 '반촌(班村)'이라는 이름으로 힘과 전통을 자랑하는 마을도 있고, '민촌(民村)'이라 불리며 신분이 낮거나 세가 모자라는 곳도 있다. 하지만 대개 전통마을이라 말할 때는 '반촌'의 역사를 이어오는 마을을 가리킨다.

안동에는 전통마을이 많다. 안동댐과 임하댐 때문에 이름난 마을들이 물속으로 사라졌지만, 그래도 다른 지역에 견주어 오래된 마을들이 아직 많이 남아 있다. 오미마을은 그런 전통마을 가운데 하나다.

오미마을은 풍산김씨 집안이 6백 년을 이어온 마을이다. 그것도 그냥 6백 년이 아니다. 수많은 인재를 배출하고, 역사의 고비마다 그들은 한몫을 해냈다. 학문에도 그렇고 관직생활에서도 그랬다. 더구나 전통사회에서 근대로 접어드는 길목에서는 오미마을 사람들의 활동이 두드러졌다. 겨레가 나라를 잃어갈 때나 잃었을 때, 이 마을 사람들은 앞장서서 나라 되찾는 일에 몸을 던졌다.

전통사회에서는 단식으로 순절한 김순흠이 대표적이다. 근대로 접어들 때, 이 마을에서 겨레 살리는 일에 앞장서 나간 이는 김응섭이다. 그 뒤를 이어 역사에 우뚝한 사람으로 의열투쟁의 대명사 김지섭, 사회주의 운동으로 나라를 구하려던 김재봉, 그리고 하얼빈에서 일본군에 맞서 싸우다 장렬하게 순국한 김만수 등이 있다. 그 밖에도 여러 사람이 그 길을 이어 나갔다.

　오미마을 사람들은 지난 가을 문중 출신 독립운동가들의 삶을 기리려고 조그만 동산을 꾸미고 기념비를 세웠다. 남들에게 으스대기보다는 자랑스러운 조상들을 뒤따라 배우고 올곧게 살아가려는 다짐을 담은 것이라 짐작된다. 또 그런 마음으로 이 책을 써달라고 필자에게 주문한 것으로 안다. 필자들이 후손들의 제의에 선뜻 응한 것도 마을사람들의 뜻이 조상들의 역사를 제대로 알고 이어가겠다는 각오를 담고 있다는 판단 때문이었다.

　이 책을 쓰고 펴내는 과정에 여러 분이 도움을 주었다. 문중에서 종손 김각현 선생의 각별한 애정과 지원이 있었고, 특히 '오미 광복운동 기념공원' 세우는 일을 주도하느라 바쁜 가운데서도 자료를 모아 주고 소소한 일까지 도와준 김창현 선생의 발품 덕도 컸다. 사진자료를 편집하고 사진을 찍어준 안동독립운동기념관의 한준호·김지훈 학예사와 석사과정생 조덕천의 도움도 컸다. 쫓기는 사정을 헤아려서 출판을 선뜻 맡아주신 김경희 사장님과 편집을 맡아준 서정혜 주임께도 감사드린다.

2009년 새해를 맞으며

저자를 대표하여
김 희 곤

차례

머리말 _____ 004

1. 오미마을, 오미 사람들

오미마을 찾아가는 길 / 왜 이름이 오미인가 / 오미마을은 어떤 마을인가 _____ 012

2. 기우는 나라를 붙들려고 한 사람들

1) 안동의병을 기록하고 지원한 김정섭 _____ 022
안동의병 기록을 남긴 김정섭 / 김정섭은 어떤 마음으로 기록을 남겼나? / 오미마을과 안동의병

2) 김순흠, 자정순국의 길을 가다! _____ 032

3) 교남교육회로 시작한 계몽운동 _____ 038

3 잃은 나라를 되찾으려 떨쳐 나선 사람들

1) 오룡학술강습회를 열다 _____ 042
2) 군자금 지원활동을 벌이다 _____ 050
민단조합 / 조선민족대동단(朝鮮民族大同團) / 김응섭을 지원한 영감댁 사람들
3) 예안 3·1운동 _____ 067

4 민족운동의 큰 걸음을 앞장서 간 김응섭

출생과 성장 / 대한제국의 법관이 되다 / 대구에서 애국계몽운동을 전개하다 / 대한민국 임시정부 수립에 참여하다 / 서로군정서의 법무사장(法務司長)이 되다 / 이르쿠츠크파 고려공산당에서 사회주의 활동에 나서다 / 국민대표회의에 참가하다 / 한족노동당을 이끌다 / 만주총국의 간부가 되다 / 민족유일당 운동에 나서다 / 일제에 붙들려 귀국하다

_____ 070

5 일왕을 공격 대상으로 삼은 첫 인물 김지섭

출생과 성장 / 중국 망명과 의열단 활동 / 니주바시(二重橋) 폭탄 투척 의거 / 법정투쟁과 순국

106

6 제1차 조선공산당 초대책임비서 김재봉

출생과 성장 / 임시정부를 지원하다 / 모스크바 극동민족대회에 참가하다 / 이르쿠츠크파에 가담하여 꼬르뷰로의 맏아들이 되다 / 귀국하여 꼬르뷰로 내지부를 건설하다 / 화요회와 조선공산당 창당 / 검거와 옥중 이야기 / 출옥과 그 이후의 생활 / 그를 기억하는 사람들

128

7 하얼빈을 울린 의사(義士), 김만수

160

8 나라 안팎에서 펼친 활동

1) 일본에서 펼친 노동 · 청년운동 — 168
일본에서 노동운동을 전개한 김병국 / 오사카에서 청년운동을 펼친 김우섭

2) 1920 · 1930년대 사회운동 — 182
서울에서 대중운동을 펼친 김지현 / 조공재건운동을 펼친 김상섭 / 신간회 활동에 나선 김재연

3) 광주학생운동의 선봉에 서다 — 193
광주학생운동과 김보섭

4) 동학으로 민족혼을 일깨우다 — 198
상주의 김낙세 · 김병탁 부자

9 그들을 따라가기

후손들이 살았던 고단한 삶 / 추모하고 기리는 작업들 — 200

[부록] 오미마을 민족운동유적지 지도 — 206

1

오미마을, 오미 사람들

오미마을 찾아가는 길

오미마을은 안동의 서쪽 끝에 있다. 행정 명칭은 안동시 풍산읍 오미리이다. 대구와 춘천 사이에 시원하게 뚫린 중앙고속도로에서 안동으로 접어드는 두 개의 나들목인 서안동과 남안동 가운데, 북쪽 서울·춘천 방향에 있는 서안동 나들목이 더 가깝다. 이곳을 나서서 안동 시내와 반대 방향인 서쪽 예천을 향해 4차선으로 시원하게 뚫린 34번 국도를 따라 6킬로미터 달리면, 안동 하회마을로 가는 출구가 나온다. 이 출구를 빠져나와 다시 예천쪽으로 이어지는 924번 지방도로를 1.5킬로미터 지나면, 풍산읍 괴정리 삼거리가 나온다. 그곳에서 왼쪽으로 거듭 꺾으면 오미마을 가는 길이다.

오미마을은 국도에서는 보이지 않는다. 마치 풍선주머니처럼 산으로 둘러져 있고, 드나들 수 있는 입구가 국도 반대쪽에 있기 때문이다. 그러니 국도를 벗어나면 산을 휘돌아 반대편으로 찾아들어 갈 수밖에 없다. 그것도 2킬로미터나 돌아가야 한다. 입구에서 마을까지는 400미터쯤 들어가야 하니, '숨어 있는 마을'이라고 표현하는 것이 알맞을 듯하다.

마을 입구에는 오미마을 표지석이 보인다. 1994년 재경 풍

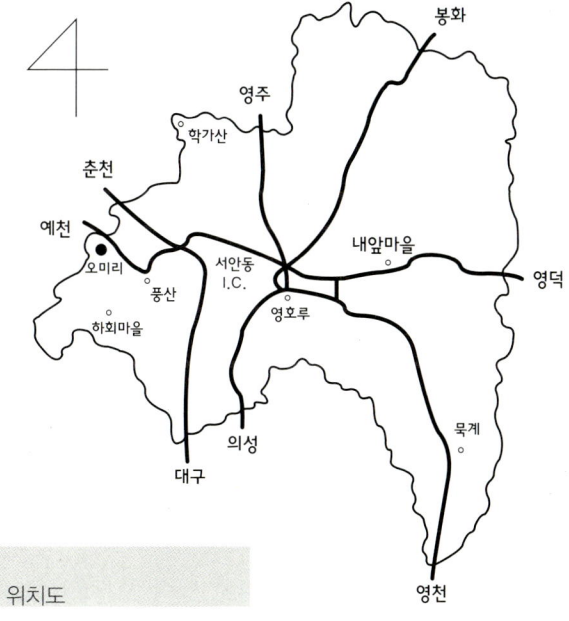

마을 위치도

산김씨 죽암회가 세운 이 돌에는 윗부분에 마을 이름이, 아랫부분에는 마을의 내력이 새겨져 있다. 오미마을은 동쪽으로 괴정리, 서쪽으로 예천군 호명면 오천리, 남쪽으로 풍천면 갈전리, 북쪽으로 호명면 직산리와 맞닿아 있다. 바람도 비켜가고 그 흔한 자동차 소리조차 들리지 않는 조용한 마을, 둘러싼 봉우리 안으로 큰 기와 고택 10여 채를 비롯하여 수십 호가 한가롭게 햇빛을 안아 들이고 있다.

오미마을은 4개 자연마을인 동녘골[東村], 서녘골[西村], 미나미, 뱅계미로 이루어져 있다. 오미마을의 본동(本洞)은 동녘골과 서녘골이고, 이 두 마을 사이에는 남북으로 길게 뻗어 높이 30미터 정도의 동산인 북경재가 있다. 본동에서 남쪽 검무산 아래에는 뱅계미, 동남쪽에는 미나미가 자리 잡고 있다. 서녘골의 북쪽에는 장판재라는 고개가 있다.

왜 이름이 오미인가

이 마을 이름은 어디에서 왔을까? 마을 표지석에 자세하게 적혀 있지만, 지명에 조금만 관심이 있다면 '오미(五美)'라는 말이 훌륭한 다섯 사람이나 다섯 봉우리(뫼)에서 나온 이름이라고 쉽게 느낄 수 있을 것이다. 원래 이 마을은 다섯 봉우리가 마을을 말발굽처럼 둥글게 감싸고 있어 오릉촌(五陵村)이

오미마을 표지석

라 불렸다. 이것이 '오뫼'이고, 경상도 발음으로 '오미'가 되었을 것이다. 한때 허백당(虛白堂) 김양진(金楊震)의 아들 김의정(金義貞)이 을사사화 뒤에 낙향하여 오릉촌을 오묘(五畝)로 고쳐 부르기도 했다.

현재 이름인 '오미(五美)'는 조선 인조 때 만들어졌다고 전해진다. 마을사람들은 김양진을 오미마을에 처음 터를 잡은 조상, 곧 입향조(入鄕祖)라 부르는데, 그의 증손자 유연당(悠然堂)

김대현(金大賢)이 아홉 아들을 길러내면서 온 나라에 이름을 떨쳤다. 일찍 사망한 김술조를 제외한 8형제가 모두 사마시에 합격하고, 5형제(김봉조·김영조·김연조·김응조·김숭조)가 문과에 급제했기 때문이다. 그러자 인조가 소과 합격자가 여덟이고 대과 합격자가 다섯이라는 뜻을 담아 '팔련오계지미(八蓮五桂之美)'라 칭찬하면서 '오미'라는 이름을 내렸다고 전해진다.

오미마을은 어떤 마을인가

오미마을은 풍산김씨(豐山金氏)가 600년 남짓 동안 삶을 이어온 곳이다. 풍산김씨는 신라 경순왕의 넷째 아들 김은열(金殷說)의 후손인 김문적을 시조로 삼는다. 김문적은 풍산현에 살면서 고려 고종 때 판상사(判相事)에 올라 풍산백(豐山伯)에 봉해진 인물이다. 이에 따라 후손들이 풍산을 본관으로 사용하였다. 이는 풍산김씨가 풍산현의 토성(土姓)이며, 이 지방을 지배하다가 사족(士族)으로 성장하였음을 말해준다.

16세기에 편찬된 안동의 지리지인 《영가지(永嘉誌)》에는 "오미는 송사(松寺)의 서북 2리에 있으며, 서쪽에 광석산(廣石山)이 높이 솟아 있다. 부제학 김양진이 처음 터를 잡고 살았다"고 적혀 있다. 여기에서 말하는 부제학 김양진은 풍산김씨 11세손이다. 그러나 문중의 기록에 따르면, 풍산김씨와 오미마을의 인연은 이보다 훨씬 위로 거슬러 올라간다.

오미마을에 처음 별서(별장)를 둔 인물은 4세(世) 김연성이다. 그리고 8세(世) 김자순이 서울 장의동에 살다가 이곳으로 왔다. 따라서 풍산김씨 오미마을의 실질적인 입향조는 김자순으로 보아야 할 것이다. 그의 묘소가 오미마을에 있는 이유도 여기에 있다. 그에게는 두 아들이 있었는데, 현재 오미마을의 큰 종가인 허백당 종가는 9세(世)인 차남 김종석으로 이어 내려온다. 김종석의 손자가 바로 김양진이다. 김양진은 성종 20년(1489)에 진사시를 거쳐 연산군 3년(1497)에 문과에 급제하였다. 그 뒤 1504년 연산군이 어머니 윤씨를 추존하려 할 때 이를 반대하여 경북 예천으로 귀양갔다가 중종반정으로 풀려났다. 1535년 그가 세상을 뜨고 나자, 유림은 곧바로 그를 불천위(不遷位:위패를 없애지 않고 오래토록 제사 받는 인물)로 추대하였으며, 후손들이 묘소 아래에 대지재사(大枝齋舍)와 묘우(廟宇)를 세워 신주를 모셨다. 예천 감천에 있는 물계서원(勿溪書院)에 모셔져 있다.

허백당 김양진이 김자순을 이어 오미마을의 터전을 닦았다면, 그의 증손자 유연당 김대현은 오미마을의 문호를 여는 데 결정적으로 이바지한 인물이다. 김대현은 1582년 생원시에 합격하였으나, 오직 학문에만 전념한 것으로 알려져 있다. 어

오미마을의 터를 닦은 허백당 김양진이 살던 종택

린 시절에는 우계(牛溪) 성혼(成渾)에게 글을 배웠으며, 퇴계 이황을 '해동공자(海東 孔子)'라 칭송하면서 존경하였다. 그는 1576년 지금의 풍산김씨 영감댁(令監宅) 자리에 있던 종택을 현재 자리로 옮겨 세웠다. 37세가 되던 해에는 오미마을에서 영주로 옮겨 집을 짓고 자신의 호를 '죽암(竹巖)'에서 '유연당(悠然堂)'으로 바꾼 뒤 현판을 걸었는데, 그 건물은 지금도 영주에 남아 있다. 그 뒤 김대현은 유림에서 불천위로 추대되어 현재 종택 사당에 모셔져 있으며, 영주의 구호서원(鷗湖書院)에도 모셔져 있다.

김대현은 모두 아홉 아들을 두었는데 여덟째 김술조는 17세에 요절하였다. 8형제 가운데 첫째 학호(鶴湖) 김봉조(金奉祖), 넷째 심곡(深谷) 김경조(金慶祖), 아홉째 설송(雪松) 김숭조(金崇祖)는 오미에서 대를 이어 살고, 나머지는 봉화 오록과 예천 벌방으로 옮겨 터를 잡았다. 장남 김봉조는 아버지 유연당 종가를 이었고, 그 후예는 학호공파라고 불린다. 넷째 김경조의 후예는 심곡공파요, 막내 김숭조의 후예는 설송공파로 불린다. 그리고 이 마을은 허백당 김양진과 유연당 김대현·죽봉 김간 등을 불천위로 모시고, 대과 급제자 51명(문과 21, 무과 30)에 생원·진사 77명을 배출했으니, 그 역사적 위상과 무게가 대단했음을 알 수 있다.

더구나 이 마을은 학맥이나 혼맥이 철저하게 하회마을과 연결되어 있었다. 서애 류성룡의 학맥을 이어받았고 통혼(通婚)도 마찬가지였다. 또 도산의 진성이씨 문중과도 혼맥을 가짐으로써 안동문화권에서 오미마을이 가지는 위치는 든든하였다. 그런데 하회마을이라는 배경은 오히려 뛰쳐나가기 힘든 경계선이기도 했다. 1895년 12월에 일어난 안동의 을미의병에서 하회마을 목소리에 가로막혀 자신을 드러내기 힘들던

오미마을 풍산김씨 허백당 종가의 세계도

시조	文迪
2세	永玄
3세	有連
4세	鍊成 ＝ 豊山 柳
5세	盒 ＝ 豊山 柳
6세	允德　允寶　允堅 ＝ 寶城 宣
7세	安鼎 ＝ 寶城 吳
8세	오미 입향조　子良　**子純** ＝ 竹山 朴
9세	從水　從石 ＝ 春川 朴
10세	徽孫 ＝ 驪興 閔
11세	**楊震(虛白堂)** ＝ 陽川 許
12세	義貞(幽敬堂) ＝ 安東 金 또는 潛庵
13세	農 ＝ 安東 權 / 光山 金
14세	**大賢(悠然堂)** ＝ 全州 李
15세	派祖　**奉祖**[1](鶴湖: 1572~1630) ＝ 光州 金 榮祖[2]　昌祖[3]　慶祖[4]　延祖[5]　應祖[6]　念祖[7]　述祖[8]　崇祖[9] [早死]

모습이 당시 기록에 보인다. 많은 인재를 길러낸 마을이자 막강한 문중과 맥을 통했지만, 그 그늘 속에 견제당하기도 했다는 뜻이다.

오미마을은 근대에 접어들면서도 많은 인재를 배출하였다. 그 가운데 독립운동사에 빛나는 인물만 들더라도 서로군정서에서 활약한 김만수(학호공파), 단식순절한 김순흠, 대한민국 임시정부와 만주에서 활약한 김응섭, 그리고 사회주의 운동의 최고 지도자 김재봉(이상 심곡공파), 의열투쟁사의 표상 김지섭(설송공파) 등이 있다.

2

기우는 나라를
붙들려고 한 사람들

1) 안동의병을 기록하고 지원한 김정섭

안동의병 기록을 남긴 김정섭

독립운동의 출발은 의병이다. 근대로 접어들던 시기, 최초의 의병은 1894년 안동에서 일어났다. 하지만 이 시기에 대한 기록은 아주 적다. 이와 달리 1895년 12월에 시작된 을미의병에 대한 이야기는 더러 기록을 전해오고 있다. 오미마을 사람들이 독립운동의 출발선에서 움직이던 모습은 바로 이 마을 사람 김정섭(金鼎燮, 1862~1934)의 기록으로 전해진다.

마을에 전해오는 여러 일록(日錄) 가운데 《을미병신일록(乙

未丙申日錄)》(이하《일록》)이라 불리는 자료가 그것이다. 을미년(1895)에서 병신년(1896) 사이에 있었던 안동 전기(前期) 의병의 내용을 담고 있기 때문에 그렇게 이름이 붙여졌다. 실제로는 이 자료가 1895년 4월부터 1898년 2월까지의 일을 담고 있어서, 굳이 이 시기만 기록한 것은 아니다. 다만 안동의병에 대한 대표적인 자료이므로 그렇게 이름 지은 것이다.

김정섭이 《일록》의 필자라는 사실은 자료 내용에서 확인할 수 있다. "예안의병의 부장이 빙장(聘丈)"이라는 두 번의 구절이 그것을 말해준다. 1896년 예안의진(義陳)에서 부장(副將)은 이중린(李中麟)이고, 그 사위가 바로 풍산김씨 27세이며 '영감댁(令監宅)'(오미 1리 242번지) 출신인 김정섭이었기 때문이다. 그는 심곡 김경조의 11세손인 김병황(金秉璜)의 맏아들이다. 김병황은 안동에서 의병이 일어나자 문중을 대표하여 의병을 지원하는 구실을 했다. 또 안동의병에서 도총을 맡은 하회 출신의 류난영(柳蘭榮)은 김정섭의 외종조부이기도 하다. 그가 의병을 기록으로 남긴 바탕에는 이와 같은 가족적 배경도 영향을 끼쳤을 것 같다.

김정섭은 어떤 마음으로 기록을 남겼나?

김정섭은 병신년(丙申年) 7월 3일 《일록》의 말미에 다음과 같이 적었다.

> 이 일록은 창의할 때에 보고 들은 바에 따라서 힘써 기록한 것이다. 뒤섞여 체계가 없고 글이 조잡하여 감히 편수(編修)의 일을 서술한 체제에 견주지 못하겠으나, 곧바로 써서 숨기지 않았고 조금도 거짓이나 허망한 말은 없다. 다만 보고 들은 바가 넓지 못하여 군기(軍機)가 소략하고 빠진 것이 십중팔구이니 이것이 한스럽다. 본진(本陣)이 조금 상세한 것은 가까워서 날마다 들어서이고, 각 진(各陣)이 매우 소략한 것은 멀어서 알기 어려워서이고, 호좌(湖左:제천의진)가 자주 언급된 것은 왕래가 계속되어서이고, 아래쪽 고을 이야기가 제기되지 않은 것은 행로가 막혀 끊겨서이다.

김정섭은 의병이 마무리되었다고 판단한 7월, 자신의 기록이 보고 들은 그대로를 적은 것이라는 말을 덧붙였다. 꾸밈없이 썼다는 점을 강조하였고, 비록 역사적인 체제와 서술은 아니더라도 거짓이나 허망한 말을 결코 쓰지 않았음을 거듭 힘주어 밝혔다. 또 안동의진 소식을 자주 기록한 이유는 거리가 가까워 소식을 상세하게 듣는 데 있고, 다른 의병진의 경우는 귀가 멀어 제대로 적지 못했다고 썼다. 그런데 제천의진의 소식을 자주 언급한 것은 왕래가 잦았기 때문이라고 밝혔다.

김정섭이 남긴
《을미병신일록》

    그는 일자별로 보고 들은 의병의 활동들을 기록하면서, 의병항쟁을 '궁천지대의지거(窮天地大義之擧 : 천지의 의리를 다하는 거사)'로 인식하였다. 그러면서도 그는 조선에 열사가 없어 이 일에 잘 대처하지 못한다고 한탄하며, 이 모든 것이 천운(天運)이라 체념하였다. 그래서 자신이 할 수 있는 것은 의관과 두발을 온전히 보전하여 바른 의식을 이어가는 것이며, 이것이야말로 의병으로 당장 외세를 꺾지 못한다 하더라도 뒷날 역사 속에서 '훌륭하다'는 공로만은 인정받을 수 있는 방법이라 여겼다. 그는 의병 기록 끝부분에 시 한 수를 적었다.

> 북두성 바라보며 용루(조정)에서 절하니
> 대머리 오랑캐 의복에 분통 터져 눈물 흐르누나
> 비록 죽더라도 '의롭지 못한' 진나라(일본) 부귀는 탐하지 않겠고
> 살아 있는 한 '의로운' 노나라 춘추를 마땅히 읽으리
> 조선의 예악문물은 천 년 뒤에 볼 것이요
> 붉은 해(일본)는 동남의 큰 바다 위에 있네
> 원컨대 인간 세상의 많고 적은 일을 버리고
> 편편한 모래 아득한 데에서 한가로운 백구나 짝했으면

> 瞻望北斗拜龍樓
> 禿首蠻裳憤涕流
> 雖死不貪秦富貴
> 有生宜讀魯春秋
> 靑邱禮樂千年後
> 赤日東南大海頭

願棄人間多少事

平沙漠漠伴閒鷗

오미마을과 안동의병

을미·병신년(1895~1896)에 일어난 안동지역의 의병은 안동부의 안동의진과 예안현의 선성의진 두 조직이었다. 안동의진은 금계마을 김흥락이 이끌던 의성김씨와 임동 무실마을(수곡)의 전주류씨 문중이 주도했고, 선성의진은 예안 하계마을 이만도를 비롯한 진성이씨 문중이 앞장섰다.

안동의병이 일어날 때, 오미 사람들의 활동은 그다지 두드러지지 않았다. 문중의 규모나 가세로 보아 대표적인 인물을 배출할 만하지만, 실제 두드러진 인물을 찾기 힘들다. 왜 그랬는지 이해하기 힘든 부분이다. 그런데 이 문제를 김정섭이 해결해 준다. 1895년 12월 3일 기록에 그는 다음과 같이 썼다.

마을 안에서 3~4명이 면회(面會)에 참여하니 모인 사람이 수백 명이었다. 호계통문(虎溪通文)과 임천(臨川)의 사통(私通)과 예안향교 통문이 함께 다다랐다. 향회(鄕會)의 적임자를 정할 때, 풍사면(豊四面)에서 각각 한 사람이 도착하고 혹자가 우리 문중에서 적임자를 내고자 하니 하회면의 몇 사람이 극력 저지시켰다. 이것이 어찌 사적인 혐의를 쓸 때인가!

풍사면(豊四面)이란 풍산을 구성하던 4개면, 곧 풍동·풍서·풍남·풍북면이다. 이들이 모인 면회에서 향회 적임자를 선정할 때 오미 사람들은 거기에 들지 못했는데, 그 원인이 바로 하회 사람들의 견제 때문이었다는 말이다. 비록 혼맥으로 얽혀 있는 관계이지만, 막상 문중끼리 격을 따지는 일에는 밀리는 현실을 김정섭은 안타깝게, 조금은 분개하는 심정으로 그려놓았다.

이러한 분위기는 면회가 아니라 안동의진의 구성에서 더 강하게 나타났다. 안동의진이 편성되고 조직이 출범하던 무렵, 안동부 안에 각지 인사들이 찾아들어 출신 지역마다 설치된 등록처인 시도소(時到所)를 찾아 방명록인 시도기(時到記)를 작성하고 있었다. 이에 12월 5일 오미 사람들이 풍사면 시도소를 찾으니, 하회 사람들이 장악하고 있어서, '풍북면 시도소'를 별도로 만들었다고 썼다.

그런데 일이 여기에서 끝나지 않았다. 이틀 뒤 안동의진을 구성할 때, 금계마을과 하회마을 인사들이 주도하면서, 오미마을에는 직임이 돌아오지 않았다. 여기에 크게 마음 상한 김정섭은 섭섭한 마음을 아래와 같이 드러냈다.

좌우익장(左右翼將)과 내외방장(內外防將)·돌격장(突擊將)·석전장(石戰將)·참모(參謀)·서기(書記) 등은 각 마을에 분배하여 선비와 아전들도 섞여 나왔다. 그러나 우리 문중(門中)은 종시 누락시키니 대체로 하회와 금계(金鷄)에서 이 논의를 오로지 주관하여 기회를 타서 사혐(私嫌)을 보복하고자 함이었다.

여기에서 '사혐'이 무엇인지 알 수는 없다. 다만 오미 사람들이 안동의진 편성 과정에서 소외된 사실만은 확인할 수 있다. 그의 부친 김병황을 비롯하여 여러 인사들이 안동의진의 본부를 오갔지만, 오미 사람들의 이름은 간부진 명단 어디에도 뚜렷하게 드러나지 않는다. 부친은 오미마을에서 영향력 있던 영감댁의 주손이다. 1862년생으로 의병 당시 만 33세로 활동력을 가진 김정섭, 그는 아무런 직임도 받지 못하는 마을의 한계를 보면서 쓰라린 심정을 가졌을 것이다.

그렇다면 이제 의병과는 아무런 관계가 없게 된 것일까? 그렇지는 않다. 오미 사람들이 의병에 참여해야 하는 구실과 책무가 따로 있었기 때문이다. 안동의진에 닥친 가장 급한 문제는 의진, 곧 의병부대를 유지할 재원을 마련하는 것이었다. 그래서 문중별로 필요한 자금을 나누어 맡도록 했다. 거기에는 인적·물적 지원이 모두 포함되었다.

오미마을에도 여러 차례 배정된 인원과 자금 내용이 통보되어 왔다. 1896년 1월에 풍산지역이 포군 50명을 할당받을 때, 오미가 4명으로 가장 많았다. 같은 달 16일에 예안의진과 영주의진이 풍산에 도착함에 따라, 그에 필요한 접대비가 문중에 배당되니 2천 냥이었는데, 그 가운데 2백 냥이 오미마을의 몫이었다. 2월에는 김정섭의 집에 1백 냥이 다시 배정된다. 이처럼 거듭 자금이 배정되자 김정섭은 상당히 곤혹스러웠다. 자금 배당은 여기에서 끝난 것이 아니라, 이후에도 여러 차례 거듭되었다. 그러다보니 부담이 상당히 커졌고, 그러한 심정이 기록에도 솔직히 나타났다.

> 의소(義所)에서 쓰일 자금을 배분하고 있었는데, 우리 집은 백 냥을 의군(義軍)의 자금으로 선납하였는바 해마다 비용을 낸 나머지여서 빈손으로 이를 메워야 한다는 생각에 큰 고민이다.
> 읍의 하인이 와서 외래 의병 두 부대(예안·영주)를 접대하는 일로 각 문중에 돈을 배당하니 2천 금이다. 우리 문중은 2백 냥으로, 독촉이 매우 급하다.
>
> 우리 문중에 배당된 금액 2백 민(緡)을 부내에 보냈다. 영천(지금 영주 - 필자주) 서기 두 사람이 척후병으로 차출되어 와서 잤다.

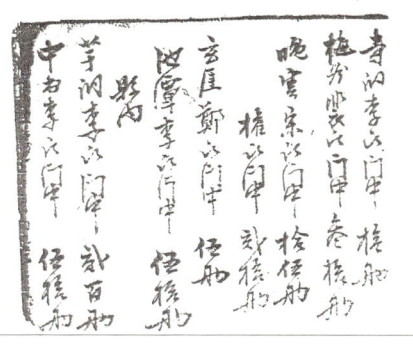
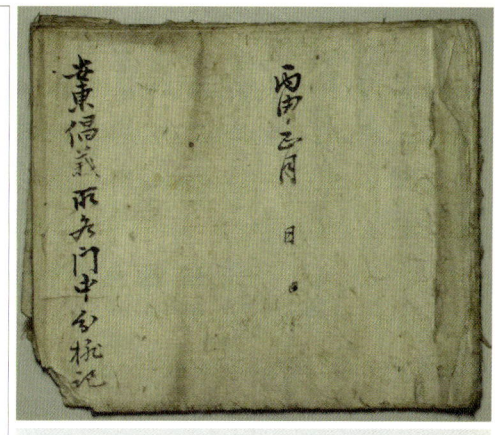

안동창의소에서 여러 문중이
맡을 자금을 정하여 보낸 각 문중분배기

　　김정섭은 비록 의병대열 앞으로 나서지는 않았으나, 자신이 걸어야 할 길은 분명히 깨닫고 있었다. 즉 다른 척사유생(斥邪儒生)들과 마찬가지로 의병창의(義兵倡義)가 '궁천지대의지거(窮天地大義之擧)'라는 사실을 분명히 인식하고 있었고, '의관을 정제하고 두발을 보전해야 한다'는 유교적 문화의식을 간직하고 있었다. 1895년 11월 15일 단발령이 내려지고, 십여 일 만에 안동에도 시행되기 시작하자, 유림들이 의병을 조직하고 나섰다. 그는 이에 단호하게 반대하면서 자신이 지켜가야 할 길이 무엇인지 헤아리고 있었던 것이다.

2) 김순흠, 자정순국의 길을 가다!

'자정순국(自靖殉國)'이란 말이 있다. 뜻을 굽히지 않고 스스로 목숨을 끊어 저항한다는 말이다. 1905년 박제순-하야시 억지합의(을사조약 혹은 을사늑약이라고 불리지만, 비준절차도 없었고 황제 서명도 없었으니, 이는 일제의 강제에 의한 박제순과 하야시의 억지합의에 지나지 않는다.)가 있고 외교권을 빼앗기게 되면서, 민영환을 비롯한 우국지사들이 스스로 목숨을 끊는 저항이 줄을 이었다. 특히 1910년 나라를 잃게 되는 순간 집중적으로 일어났다. 전국에서 70명 정도의 인물이 이 길을 택했는데, 그 가운데 안동 사람이 10명이나 된다.

안동 사람으로 가장 먼저 자정순국을 택한 이는 김순흠(金舜欽, 1840. 12. 15~1908. 9. 28)이다. 그는 오미마을의 큰 인물인 허백당 김양진의 13대손으로, 1840년 풍산면(豊山面) 수동(水洞, 현 풍산읍 수리)에서 태어났다. 자는 치화(穉華)이며, 호는 죽포(竹圃)이다.

김순흠이 독립운동사에 등장한 때는 역시 을미의병이다. 1896년 그는 안동과 예천, 그리고 의성을 다니며 의병 모으는 일을 맡았다고 전해진다. 그러다가 전기의병이 끝나자마자, 그는 예천군 감천면 물한리로 집을 옮겼다. 그리고 다시 독립운동에 그가 나선 계기는 1905년 외교권을 잃게 된 '박제순-하야시 억지합의'였다. 이 소식이 전해지자 그는 넷째 아들 김낙문(金洛文)을 이강년에게 보내 의병항쟁 대열에 동참하도록 만들었다. 그리고 자신은 을사 5적의 매국행위를 규탄하는 〈토오적문(討五賊文)〉을 지어 전국의 유림들에게 배포하였으며, 의병자금 조달을 위해 노력하였다. 이어서 1907년 군대해산령이 내려지고, 해산된 군인들이 의병대열에 참가하면서 민긍호·이강년 등의 활동이 활발해지자, 그는 이를 지원하고 나섰다. 그러나 거의가 실패로 돌아가자, 그는 다시 옛 거주지였던 예천군 감천면 진평리 서무뜰로 돌아왔다.

더 이상 갈 길이 없어 보이고, 끓어오르는 의분을 참지 못한 김순흠은 서쪽 부용산(芙蓉山)을 바라보며 읊은 〈서산가(西山歌)〉에 자신의 심정을 담았다.

부용산에 올라가서	陟彼蓉山兮
고사리나 캐어볼까	採其薇矣
왜를 불러들여 나라를 망치는구나	招倭滅國兮
그 그릇됨을 훤히 알겠네	明知其非矣
선왕과 선철을 잊을 수 없구나	先王先哲不能忘兮
나는 뒤 따라가리	我可從歸矣

| 아! 하늘의 시킴인가 | 吁嗟天兮 |
| 운수가 다함인가 | 運之衰矣 |

이 노래는 일본이 나라를 망치고 있으니 백이와 숙제를 뒤따를 수밖에 없다는 비통한 심정을 드러내고 있다. 이 무렵 김순흠은 면우 곽종석에게도 시(詩) 한 수를 보냈다. 거기에는 단호하게 자정순국의 길을 택할 것이라는 그의 뜻이 담겨 있다.

다난한 이 난국에	東南風雨釖塵斜
나라 위한 마음에 집을 돌볼 수 없네	爲國孤臣不顧家
새도 오직 지난 날에 앉은 나무를 알며	擇鳥惟知前日木
나비도 어리석게 다음 춘화를 기다리지 않는데	癡蝴不待後春花
글만 읽으면 무엇 하랴	有文如子無文可
나는 뜻을 정하였도다	失志斯人得志多
죽은 듯이 살면 무엇 하랴	我見君生生亦死
가련하다 웃으며 뜻을 따라가련다	可憐一笑渡蒼波

1907년 이미 죽음으로 항거할 의지를 드러낸 김순흠은 지난해 거두어들인 곡식으로 목숨을 이어갔다. 이는 일본이 지배하는 땅에서 생산된 곡식은 먹지도 가꾸지도 않겠다는 의

식적 항거였다.

그리고 1908년 9월 6일 김순흠은 드디어 단식에 들어갔다. 자식들의 만류가 간곡하였지만, 그는 "아비가 죽으면 자식의 망극한 슬픔은 상례이겠으나, 나의 의리는 태산같이 무겁고 죽음은 새털과 같이 가벼운 것이니 너희들은 나의 뜻을 거스르지 말라"고 하며, 그 뜻을 꺾지 않았다. 또 그는 "내가 죽거든 빈소를 차려 곡(哭)은 하더라도 음식을 올리지는 말아라. 왜적이 이 강토에서 물러나지 않는다면, 아무리 좋은 음식으로 제사하더라도 내 혼령은 반기지 않으리라"고 단단히 일렀다. 왜적이 이 땅에 도사리고 있는 한, 죽어서도 음식을 받지 않겠다는 결연한 의지를 보여준 것이다.

그리고 김순흠은 단식한 지 6일째가 되는 9월 11일, 스스로 죽음을 애도하는 자만시(自輓詩)를 지었다. 거기에는 의를 위하여 음식을 끊었던 백이와 숙제를 밤낮으로 우러르며, 사람의 옳고 그름[是非]과 죽고 사는 문제를 논하기에 앞서 뜻에 따라 죽을 것이라는 의지가 담겨 있다.

만고의 강상을 떠받들다	萬古扶綱常
백이숙제의 진리를 얻었도다	夷齊乃得眞
의를 위하여 먹지 않았으니	損生義不食

| 밤낮으로 그를 우러렀다 | 夙夜仰斯人 |

어찌 사람의 시비를 돌보겠는가	何顧人非是
다만 의리와 불의를 밝힐 뿐이네	只明義不義
죽고 사는 것을 논하지 말지어다	無論生與死
뜻에 따라 나는 간다	自信適於志

단식을 시작한 지 13일째가 되던 9월 18일 밤, 그는 다시 자경구(自警句)를 남겼다. 이것이 그의 마지막 글이다.

이제 왜놈 되기를 면하였구나	而今而後吾知免倭夫
의는 가히 태산보다 무겁고	義可重於泰山
죽음은 오히려 새털보다 가볍다	死猶輕於鴻毛
생강과 계지(桂枝)는 묵어도 매운 것이니	薑桂老惟辣
나는 물성을 알았도다	我己知物性

김순흠은 단식 23일 만인 9월 28일, 69세 나이로 순국하였다. 예천군 감천면(甘泉面) 진평동(眞坪洞) 깊은 골짜기, 후손 김병욱(金秉旭)의 서실(書室)이 그곳이다. 김순흠은 죽어서도 일본이 지배하는 땅에서 난 음식으로는 제사상을 받지 않겠

예천읍내 공원에 세워진
김순흠 기념비

다는 결연한 의지를 보이며, 생을 마감하였다. 의(義)를 지키기 위해 생(生)을 버린 순국의 길은 일제 침략에 대한 강력한 항거였다. 이러한 그의 공훈을 기리기 위해 뒷날 정부는 그에게 건국훈장 애국장을 추서하였다.

3) 교남교육회로 시작한 계몽운동

　한말(韓末) 나라가 무너질 때, 의병이 앞서고 계몽운동이 뒤를 따랐다. 안동은 전국에서 가장 먼저 의병이 일어난 곳이다. 위정척사(爲政斥邪) 사상이 강했던 안동의 유림들은 1881년 영남만인소를 이끌어내어, 전국에서 가장 강한 척사적 성향을 보여 주었다. 대의명분이 강한 안동의 유림들이 전국에서 가장 먼저 의병을 일으킨 역사적 바탕이 거기에 있었다. 그러나 그것은 서양으로부터 온 새로운 사조를 받아들이는 데 걸림돌이 되기도 했다. 계몽운동은 새로운 문물을 받아들여 인재를 육성하고 민족자본을 일구어 겨레의 자주독립을 달성하는 데 목표를 두었다. 안동에 그러한 구국계몽운동이 일어난 기점은 1907년 내앞마을에 세워진 협동학교(協東學校)였다.

　안동 사람들이 계몽운동에 관심을 가진 첫 시점은 이보다 조금 거슬러 올라간다. 전기의병이 끝나고 1900년이 끝날 무렵, 안동의 유림 일부가 서울에 머물며 세상 돌아가는 사정을 살피고 있었다. 이들은 개화 관료나 계몽적인 인사들과 만나면서 새로운 현실에 눈뜨기 시작했다. 영남지역의 보수적인 유림들은 이러한 움직임에 발 빠르게 대처할 수 없었다. 그렇지만 의병 바람이 몰아친 뒤 서울로 올라간 유림들은 서양 문물을 눈으로 직접 확인하게 되면서 현실을 깨닫고 나아갈 방향을 찾았다. 계몽운동에 눈을 뜬 것이나, 영남 출신 인사들이 충의사(忠義社)라는 단체를 조직한 것도 모두 이 때였다.

서울에서는 1904년 9월 국민교육회가 설립된 뒤로 계몽운동이 시작되고 학회와 교육단체의 활동이 활발해졌다. 학회운동은 국민교육회가 설립된 이후 1906년 10월 서우학회·한북흥학회 등이 조직되면서 본격화하였다. 1907년 7월에 호남학회와 호서학회가, 1908년 1월에는 기호흥학회가 설립되었으며, 또 서우학회와 한북흥학회는 서북학회로 통합되어 교육의 역량을 모으는 데 힘을 기울였다. 1908년 2월에는 관동학회·교남학회·대동학회 등이 차례로 조직되면서, 학회운동은 전국적인 규모로 확대되었다. 여성을 위한 계몽사업을 벌여 나가고자 여자교육회도 설립되었다.

안동에 계몽운동이 시도된 시기는 1904년이었다. 류인식이 시도했던 이 움직임은 일단 좌절되었다. 그런데 류인식이 내앞마을 의성김씨 문중과 손잡고 1907년 기어코 협동학교를 내앞마을에 세우면서 분위기는 달라지기 시작했다. 이 무렵 오미마을에서도 이러한 움직임에 동참하는 흐름이 나타났다. 1908년 3월 서울에서 조직된 교남교육회에 오미 사람이 참가한 사실이 이를 말해준다.

《교남교육회잡지》 제1권 제1호

1908년 3월 8일 서울에 있던 영남 인사 140여 명이 보광학교(普光學校)에서 교남교육회(嶠南敎育會) 발기회를 열었다. 교남교육회는 1908년 3월 14일 종로 청년회관에서 150명이 참석한 가운데 임시총회를 열고, 임시회장으로 현영운을 뽑은 뒤 임원을 구성하였다. 이튿날 보광학교에서 발기인 박정동·박상경을 비롯한 경상도 인사 145인이 모여 총회를 가짐으로써 교남교육회가 정식으로 창립되었다. 오미마을 사람들도 교남교육회에 참여하였다. 김응섭(金應燮)과 김병필(金秉泌)이 교남교육회 본회 임원을 맡았고, 김이섭(金履燮)·김지섭(金祉燮)이 회원으로 활동하였다.

교남교육회가 내세운 가장 기본적인 활동 방향은 교육을 일으켜 나라를 구하자는 교육구국운동이었다. 본회는 서울에 사범학교를 설립하고 지회는 여러 지역에 학교를 세워 교남지방,

곧 영남지역의 교육을 일으켜 세우자는 것을 목표로 삼았다. 교남교육회 안동지회는 1908년에 설립되었다. 교남교육회는 영남지방에 권유위원을 보내 곳곳마다 신식교육으로 인재를 길러내라고 다그쳤다. 그 가운데 안동지회는 가장 활발하게 움직인 지회에 속했다. 1907년 내앞마을에 세워진 협동학교가 그런 분위기에 도움을 주었다. 특히 교남교육회가 창립된 뒤, 그 회원이 앞장서 학교를 세우면서 성과도 두드러졌다.

1907~1908년 안동에는 영가학원(永嘉學校, 1907, 안동부내), 동명학교(東明學校, 1907, 향교), 광동학교(光東學校, 1908, 서후), 보문의숙(寶文義塾, 1909, 도산), 광명학교(廣明學校, 1908, 풍산), 동양학교(東陽學校, 동선) 등이 세워졌다. 그러나 오미마을 출신들의 교남교육회 활동은 오미마을에 신식 교육기관을 세우는 데까지는 이르지 못했다. 오미마을에 직접 신식교육 기관을 마련하는 일은 1910년대 후반에 이르러서야 걸음마를 뗐다.

3 잃은 나라를 되찾으려 떨쳐 나선 사람들

1) 오릉학술강습회를 열다

오미마을은 1910년대에 들어서기까지 유력한 다른 문중에 견주어 변화에 빠르게 대응하지 못했다. 의병에서도 그랬고, 계몽운동에도 그런 편이었다. 그래서 교육구국운동에 참가한 인물이 있어도 이 마을에 일찍 신식교육기관을 세우지 못했던 것이다. 오미마을에 근대 교육을 지향하는 교육기관을 세운 때는 1917년으로, 그것이 바로 오릉학술강습회였다.

오릉학술강습회는 오미마을이 근대로 달음질치는 출발점이었다. 풍산김씨 문중을 중심으로 근대교육을 받아들인 이

오릉학술강습회가 처음 문을 열었던 죽암서실

강습회는 마을 차원을 넘어 풍북면 일대에 근대교육의 바람을 불어넣었다. 풍산김씨 27세 김헌섭(金憲燮)이 처음 나섰고, 26세 김병택(金秉澤)이 초대 회장을 맡았다. 설립 무렵에는 현재의 죽암서실(竹巖書室)에 교사(校舍)를 마련하였다가 도림강당(道林講堂)으로 옮겼고, 다시 오미 1리 263번지 오미마을 입구에 있는 화수당(花樹堂)으로 이전하였다.

학제는 보통과정(普通課程 : 초등과정)이라 짐작된다. 그 때 안동에서 협동학교를 제외하면 모두 초등과정이었기 때문이다. 설립 당시 교사들은 주로 오미마을 출신 풍산김씨 문중의 인물들이 중심이었고, 문중직(文重稙)·조재건(趙在建)과 같

오릉학술강습회로 사용된 도림강당

은 다른 성씨 인물도 참여하였다. 회장으로는 김병택, 강사로는 김이섭·김병욱(金秉旭)·김희섭(金禧燮)·김주섭(金冑燮)·김헌섭(金憲燮)·김병문(金秉汶)·김정재(金定在)·김용재(金容在)·문중직·조재건 등이 활약하였다고 전해진다.

오미마을에서 근대식 학교를 열 수 있던 배경에는 김응섭과 김지섭·김병필이 있다. 이들은 모두 1908년 3월 15일 서울에 머물던 영남 인사들이 세운 교남교육회에 들어가 교육구국운동을 펼쳤던 인물들이다. 특히 김응섭과 김병필은 교남교육회의 임원으로 활동하면서 고향 오미마을에 근대교육의 실마리를 푸는 구실을 하였을 것이다.

오릉학술강습회의 학생 구성원을 알 수 있는 자료는 없다. 하지만 설립 초기에는 풍산김씨의 자제들이 주축을 이루다가, 점차 인근 지역의 학생들도 받아들인 것으로 짐작된다. 1926년 1~4학년 학생의 전원이 70명이었다는 사실은 오릉학술강습회가 근대식 교육의 메카로서 인근 지역을 아우르는 구실을 맡고 있었음을 말해준다.

오릉학술강습회를 세우는 데 필요한 비용은 1920년 마을의 계(契) 조직이던 '의장소(義庄所)'가 모든 재원을 학술강습회에 기증하면서 마련되었다. 의장소는 이보다 90년쯤 앞선 1830년대에 만들어진 마을의 계 조직이다. 처음 조직할 무렵

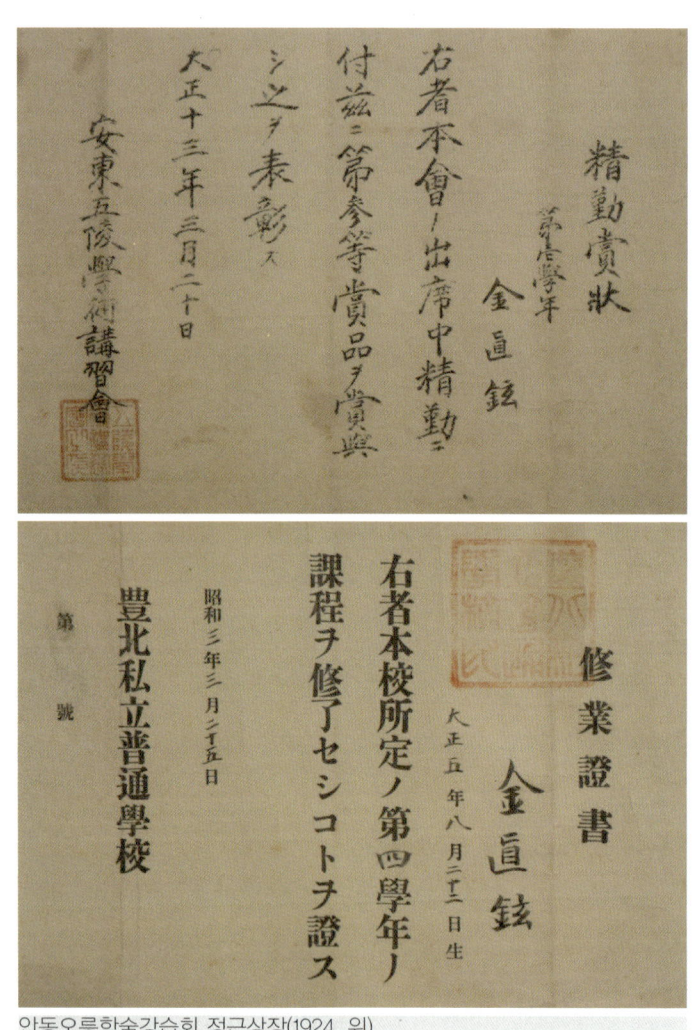

안동오릉학술강습회 정근상장(1924, 위),
풍북사립보통학교 수업증서(1928, 아래)

에는 10호가 참가하였으나, 차츰 참가하는 호구(戶口)가 늘고 축적된 재원이 늘어나자, 대(代)를 이어가며 발전하는 조직이 되었다. 의장소가 가진 구체적인 자금력을 정확하게 알기는 힘들지만, 한 가지 사실로 얼추 대강을 헤아릴 만하다. 오릉학술강습회가 열린 지 8년이 지난 1925년, 의장소가 땅 74두락(斗落) 약 1만 4천 평을 팔아 '풍북사립보통학교'를 세웠다는 기록이 그것이다. 이는 의장소가 정식 초등학교를 세울 만큼 재산을 가졌다는 말이다. 전통마을에서 근대 이전에 만들어진 조직체가 뒷날 근대를 지향하는 인물을 길러내는 데 결정적으로 이바지한 셈이다.

　오릉학술강습회는 전통 한학(漢學)과 신식교육을 함께 가르쳤다. 교실은 그 때 대부분 신식학교가 그랬듯이, 전통적인 서당식을 유지하면서 책상과 걸상에 칠판을 걸고 분필을 사용하였다. 이웃 가일마을의 기록을 보면, 나무판자를 여러 장 붙이고 검게 칠하여 칠판을 만들었다고 한다. 그리고 학기가 진행되다가 칠판 색이 흐려지면 다시 먹을 칠하는 작업이 이어졌다. 그런데 오릉학술강습회는 그 때 다른 마을에서는 보기 힘든 소형 오르간도 갖고 있었다. 이는 창가(唱歌) 교육에 꼭 필요한 기구였던 것이다. 마을에 학생들이 부르는 노래 소리가 얼마나 생경스러웠을까 짐작할 만하다. 또 이곳에 오릉학술강습회가 열린 화수당(花樹堂)의 현판(추사 김정희의 글씨, 위)과 건물(가운데). 강습회를 이은 풍북초등학교(아래)

는 정구라는 새로운 운동이 전파되었다. 새끼줄로 네트를 만들고 판자로 라켓을 만들어, 어설프지만 정구 시합도 가졌다. 1920년대 전반기에 전국적으로 조직된 청년회가 정구 시합을 여는 것은 커다란 물결이었다. 안동청년회도 운동회를 열 때 정구 시합을 주요 종목으로 선택했고, 군(郡) 대항 정구대회가 곳곳에서 열렸을 정도였다.

1917년 문을 연 오릉학술강습회는 8년 동안 신식교육을 담당하며 오미마을에 새로운 지성들을 길러내는 데 크게 이바지하였다. 그런데 일제 통치정책이 이를 그대로 두지 않았다. 민족적인 성향을 가진 인물을 배출하는 것이야말로 일제 식민통치를 가로막는 장애물이기 때문이다. 1910년 나라를 빼앗은 일제가 이듬해에 바로 '사립학교규칙'을 내세워 통제했던 이유가 거기에 있었다. 일제는 우선 군 단위로 공립학교를 만들고, 사립학교에 대해서는 '규칙'을 내세워 통제하면서, 사립학교와 사설 강습소를 거기에 편입시켜 나갔다. 마침내 오릉학술강습회도 그러한 흐름에 따를 수밖에 없었다.

협동학교·보문의숙·선명학교 등 안동지역의 대표적인 사립학교가 공립보통학교에 흡수되었다. 마침내 1925년 오릉학술강습회도 가지고 있던 재산을 팔아 현재 괴정리에 있는 풍북초등학교의 땅을 마련하고, 1926년 4월 '풍북사립보통학교'를 세워 1~4학년 70명쯤 되는 학생 전원이 옮겨갔다. 그리고 석 달 뒤, 사립학교는 '풍북공립보통학교'로 바뀌고, 1929년 첫 졸업생을 배출하였다.

2) 군자금 지원활동을 벌이다

민단조합

1910년 나라를 잃은 뒤, 우리 민족은 그 충격에서 헤어나기 힘들었다. 갈 길이 보이지 않는다는 말이 적당한 표현일 것이다. 뜻을 가진 사람들은 나라 밖으로 망명하여 독립군을 길러 나라를 되찾겠다는 계획을 세웠다. 많은 안동 사람들이 한꺼번에 서간도로 망명길에 오른 때가 바로 1910년 12월부터 이듬해 초였던 이유도 거기에 있다.

한편, 나라 안에 남은 사람들은 몇 갈래 길을 택하였다. 김순흠처럼 스스로 목숨을 끊어 항거하거나, 아니면 만주지역 독립군 기지 건설에 들어갈 자금을 마련하여 지원하는 사업을 하거나, 또는 드문드문 일제의 통치기관을 공격하는 것이었다. 나라 밖으로 망명한 인물들은 추위와 배고픔을 이겨내야 하는 것과 달리, 나라 안에서 활동하던 인물들은 일제의 감시와 추적을 따돌려야 했다.

이 때 안동 주변에는 민단조합(民團組合)·대한독립의군부(大韓獨立義軍府)라 불리는 비밀 조직들이 움직이고 있었다. 의병 계열의 이런 단체는 자금을 모아 의병항쟁을 준비하거나, 아니면 아예 의병항쟁을 다시 일으키겠다는 목적을 갖고 있었다. 여기에 참가한 사람 가운데 오미마을 출신으로 김낙문(金洛文, 1872. 6. 18~1943. 6. 24)이 눈에 띈다.

김낙문은 1908년 단식하여 순국한 김순흠의 넷째 아들이다. 김순흠이 예천군 감천면으로 옮겨 살 때 김낙문이 태어났다. 그의 자는 춘달(春達)이다. 그는 이강년이 전기의병에 이어 1907년에 다시 의병을 일으킬 때 뛰어들어 단양·충주·청주 전투에 참가하였다. 여기에서 붙들린 그는 3년 6개월 동안 옥고를 치렀다고 전해진다. 그리고서 나라를 잃고 한 해가 지난 1911년, 그는 이강년 아래에서 활동하던 이동하(李東下)에게 의병자금을 지원하고, 1913년 임병찬(林炳瓚)이 조직한 대한독립의군부에 가담한 것으로 알려지고 있다.

김낙문은 1915년 민단조합 결성에 참여하였다. 이는 1914년 경상북도 문경(聞慶)지역에서 결성된 비밀 항일단체였다. 이를 이끈 이동하는 이강년의진이 무너진 뒤, 1912년 12월 만주로 갔다가 1914년 9월 돌아와 이 단체를 조직하였다. 이

김순흠 · 김낙문 가계도

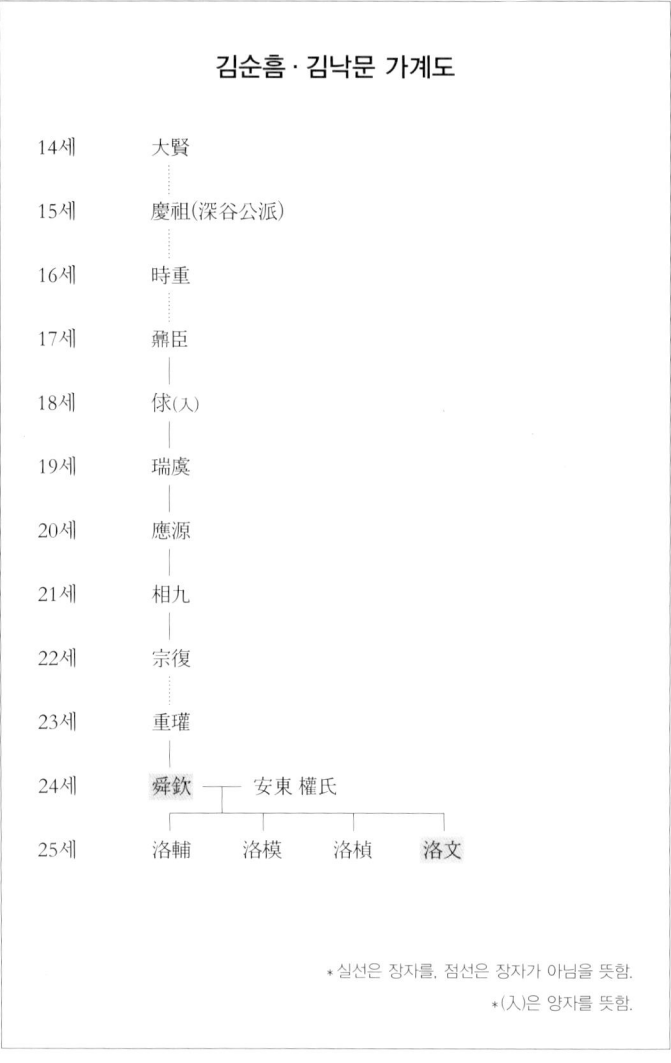

14세   大賢
15세   慶祖(深谷公派)
16세   時重
17세   鼎臣
18세   俅(入)
19세   瑞虞
20세   應源
21세   相九
22세   宗復
23세   重瑾
24세   舜欽 ── 安東 權氏
25세   洛輔   洛模   洛楨   洛文

* 실선은 장자를, 점선은 장자가 아님을 뜻함.
* (入)은 양자를 뜻함.

강년의 조카 이식재와 군자장(軍資長)을 지낸 최욱영(崔旭永), 그리고 김낙문 등 옛 동지들이 여기에 모여들었다.

이처럼 민단조합은 이강년의진에 참여한 의병 출신의 양반유생들이 주류를 이루었다. 활동 무대는 소백산맥 남쪽 낙동강 주변의 지역, 곧 안동·예천·문경·상주 일대였다. 또 이들은 1910년대 의병 계열의 인사들이 모여 조직한 광복단(풍기)이나 대한독립의군부(호남지역)와 비슷한 성격을 지니고 있어 긴밀한 관계를 맺고 있었다. 특히 김낙문은 대한독립의군부나 광복단에 모두 가까운 사람이었다. 그래서 광복단(풍기)과 조선국권회복단(대구)이 결합하여 1915년에 출범한 대한광복회에도 연계 활동을 폈다. 1916년 10월 대한광복회의 채기중(蔡基中)이 영월에 있는 중석광산을 공격한 거사에도 김낙문이 연결되었다고 전해진다. 강원도 영월에는 일본인이 경영하는 중석광이 있었다. 그 운영 자금을 빼앗아 군자금으로 활용하려는 목적으로, 함창 출신 채기중을 비롯한 10여 명의 대한광복회원이 광부로 위장하여 잠입했지만, 목표를 이루지 못한 것이 거사의 줄거리이다. 김낙문이 여기에서 어떤 구실을 했는지 알 수 없다. 다만 활동자금을 지원하는 정도가 아니었나 짐작할 뿐이다.

민단조합은 1918년 일제 경찰의 정보망에 드러났다. 그래

一 民團組合事件

丁記首謀者ノ一人タル李東下ハ暴徒首魁李康年ノ發謀長トシテ慶北、忠北、江原ノ各地ヲ橫行中、李康年ハ明治四十一年中逮捕セラレシヨリ江原道寧越郡ニ迯レ其後同志慶北道比安郡毛倉里糠栗乙、同郡佛德里趙鑛弱、同道義城郡金磐秋ト共ニ間島ニ渡リ大正三年九月歸鮮シタルモノ、李殷榮ハ死刑ニ處セラレタル暴徒首魁李麟榮ノ實弟ニシテ金浴文日本ノ勢威ニ加ハリ韓國ノ國運日ニ非ナルヲ慨ト斷食自殺セル金灣欽ノ實子ニシテ父死後ハ李ヲ稱ヘ爾來喪服ヲ脫セサルカ如キ人物ニシテ又李提宰ハ故暴徒首魁李康年ノ甥ニシテ會テ大正三年十二月慶尙北道間慶郡永順面白佛里崔旭永等ト共ニ忠北、堤川面近北面事務所ヲ襲ヒ百餘圓ヲ强奪シタルカ如キ共犯者ハ何レモ系統ノ不穩思想ヲ抱持セルモノナルカ大正四年中國權恢復ヲ目的トシテ「民團組合」ナル秘密結社ヲ組織シ李東下ハ忠南道、李殷榮ハ忠北道、李世榮ハ慶北道ノ各民團組合支部長トナリ檄文ヲ配布シテ同志金浴及湜宰ヲ加盟セシメ資産家ヨリ運動資金ヲ募集スルコトトシ大正五年八月中慶北道醴泉郡朴尋洙及安東郡貴閒里金叔憲ヲ脅迫シタルモ目的ヲ達セス其後慶南道密陽郡朴仁根ヲ强迫二百圓ヲ强奪セルヲ忠淸南道ニ於テ檢擧セシモノナリ

首謀者 氏名

慶尙北道聞慶郡東魯面鴨田里
兩班 李 東 下（六十六年）

忠淸北道堤川郡德山面基里
兩班 李 殷 榮（五十年）

慶尙北道聞慶郡東魯面石項里
兩班 書堂敎師 金 洛 文（四十六年）

同
郡加恩面完章里
兩班 李 湜 宰（三十一年）

忠淸南道靑陽郡赤谷面冠峴里
金 世 榮（四十九年）

'민단조합사건' 내용과 주역 명단 일부（《고등경찰요사》）

서 김낙문을 비롯한 이동하·이은영·이식재·최욱영 등이 일본 경찰에 붙들리고, 민단조합도 해체되었다. 김낙문은 '보안법 위반'이란 이름으로 재판을 받고 옥고를 치렀다. 그래서 이와 같은 그의 공훈을 기리어 정부는 1992년에 건국포장을 추서하였다.

대한독립의군부가 호남과 충남 등 서남부지역의 복벽(復辟)주의적 유림단체라면, 민단조합은 충북과 경북 등 동남부

지역의 유림단체였다. 전자가 의병투쟁을 다시 일으킨다는 데 중점을 둔 것과 달리, 후자는 주로 투쟁을 위한 군자금을 모집하는 데 중점을 두었다.

역사는 새로운 공화주의의 물결로 나아가고 있었고, 복벽운동은 대중적 기반을 점차 상실해가고 있었다. 이러한 상황에서 민단조합은 척사유림의 의병항쟁 노선을 이어간 마지막 단체가 되었다.

조선민족대동단(朝鮮民族大同團)

오미마을 출신으로 군자금 지원활동을 펴다가 검거된 인물로 김병련(金秉璉, 1897. 1. 22~1949. 7. 7)을 빼놓을 수 없다. 그는 경북 봉화군 물야면(物野面) 오록리(梧麓里)에서 오서(梧西) 김응락(金應洛)의 셋째 아들로 태어났다. 그가 오미마을에서 태어나지는 않았지만, 선조가 오미마을 출신이므로 그의 활동을 여기에 담겠다.

김병련은 어려서 여느 선비들과 마찬가지로 한학을 배웠다. 그는 고향에서 내성보통학교(乃城普通學校)를 졸업하고, 서울로 유학길에 올랐다. 보성전문학교(普城專門學校)에 입학하였으나, 재학 시절 3·1만세운동이 일어나는 바람에 학교를 그만두고, 조선상무회(朝鮮商務會)·조선민족대동단(이하

대동단)에 가입하여 활동하였다. 그 때가 3·1운동 직후부터 1921년까지였다.

대동단은 서울에서 전협(全協)과 최익환(崔益煥) 등이 나서서 결성하였다. 3·1운동의 만세 함성이 전국을 울릴 때, 이들은 민족독립의 필요성과 가능성을 깨달았다. 그래서 다양한 인사들을 모아 독립운동의 구심점 노릇을 맡겠다는 포부를 가지고, 김가진(金嘉鎭)을 총재로 추대하였다. 그러나 성과는 서울의 본부 밖에 있는 전라도 일대에 지부를 설치하는 데 그쳤고, 결국 의친왕을 상해로 망명시키려고 추진하다가 발각됨에 따라 조직 자체가 무너지고 말았다.

김병련은 직접 대동단에 가담하였던 것 같다. 조선총독부 경북경찰부가 경북 출신 독립운동가를 추적하고 정리한 《고등경찰요사(高等警察要史)》를 보면, 검거될 당시 그의 직업이 '대동단 외교원'이라고 적혀 있다. 서울 소격동 76번지에 주소를 두고 있던 김병련은 대동단 조선지부장(朝鮮支部長)이던 신덕영(申德永)을 통해 대동단에 군자금을 지원하였고, 직접 모금 활동을 벌이기도 했다. 신덕영은 전라남도 광주지역 부호들에게 포고문을 보내고 모금활동을 벌이다가 검거되어 옥고를 치른 인물이다.

김병련은 바로 이 신덕영에게 거금을 주었다. 두 사람이

김병련 가계도

14세	大賢
15세	榮祖(忘窩公派)
16세	時翼
17세	甲壽
18세	偓
19세	瑞輯
20세	宅源
21세	相碩
22세	宗哲
23세	重泰(入)
24세	奎昌
25세	應洛 ── 昌寧 成氏, 德水 李氏
26세	秉燦　秉純　**秉璉**　秉祐　秉甲　秉緯

*실선은 장자를, 점선은 장자가 아님을 뜻함.
*(入)은 양자를 뜻함.

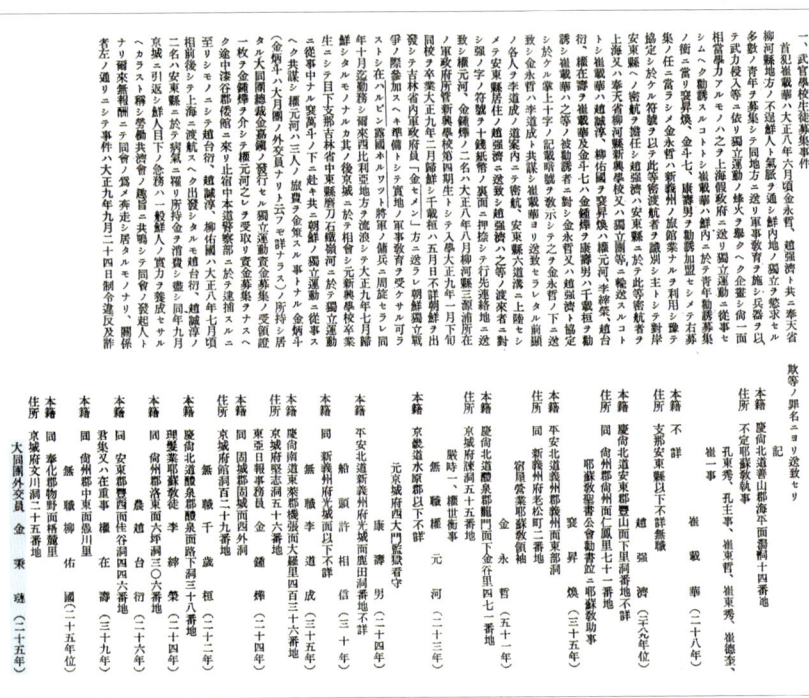

김병련이 대동단 외교원으로 군자금 모집에 나선 사실을 담은 일제의 《고등경찰요사》

처음 만난 시기는 3·1운동 이전이다. 김병련은 신덕영에게 1919년 음력 3월에서 9월 사이에 여러 차례 군자금을 넘겨주었다. 그 돈은 김병련이 유학하고자 준비해둔 것이었다. 여러 차례에 걸쳐 군자금으로 1천 엔을 주었다고 판결문에 나와 있으니, 당시 금액으로는 참으로 큰 규모였다. 또 신덕영은 "김병련은 독립사상을 가진 자로서 1년 전 3·1만세운동이 일어난 뒤로는 학교에도 다니지 않고 있었으며, 작년 봄 신흥학교에 입학하기 위해 나와 함께 만주에 가자고 약속했다. 그래서 김병련이 직접 나서서 군자금을 모집해 보내겠다고 하여 신종선이 나에게 준 대동단 대한독립군자금 수령서증을 그에게 건냈다"고 밝혔다.

김병련은 직접 군자금 모집에 나서기도 했다. 1920년 음력 9월 무렵의 일이다. 김병련의 뜻을 확인한 신덕영은 충남 보령 출신인 신종선(申鍾善, 당시 41세)을 통해 대동단 총재 김가진 이름으로 발행된 대한독립군자금 수령증 2장 건네주었다. 김병련은 이를 가지고 군자금을 모집하러 나섰다. 수령증 2장을 서울 안국동에 살고 있던 김두백(金枓白, 당시 22세)에게 주었고, 김두백은 그 가운데 1장을 김종엽(金鍾燁)에게 넘겼다. 이처럼 점 조직으로 연결되면서 자금을 모집하다가, 1921년 2월 무렵 김병련은 신종선·김두백과 함께 대구 경찰서에 붙들려 1년 옥고를 치렀다. 이러한 그의 공훈을 기리기 위해 정부는 건국훈장 애족장을 추서하였다.

출옥한 뒤, 김병련의 활동을 알려주는 자료는 드물다. 다만 1923년 조선민립대학 설립운동이 추진되면서 봉화에서도 민립대학설립기성회 지방부를 결성하였는데, 여기에 김병련

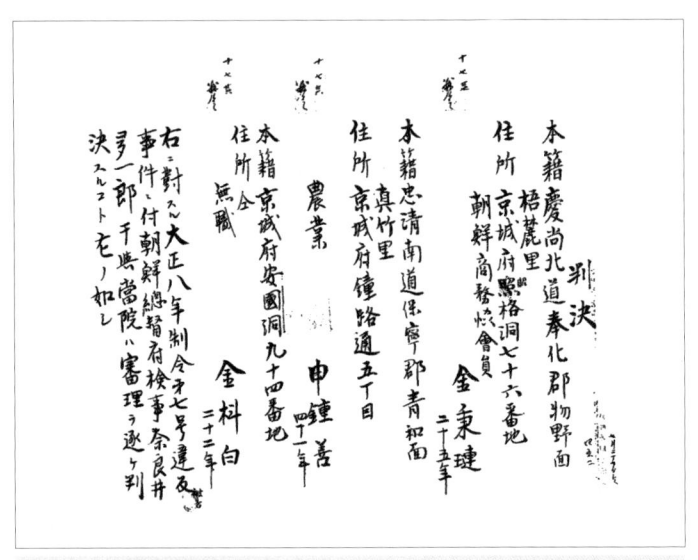

김병련 판결문(1921년 7월 25일 대구지방법원)

의 이름이 확인될 뿐이다. 민립대학 설립운동은 우리 손으로 민족교육을 위한 대학을 세워 고등인력을 길러내려는 시도였다. 1922년 1월 이상재·이승훈 등이 '조선민립대학기성준비회'를 결성하고, 이듬해 3월 발기총회를 열었다. 3개년 계획을 세우고 자본금 1천만 원 모금운동에 들어갔다. 이를 실천하고자 중앙집행위원회와 지방부를 두었는데, 1923년 말까지 전국 100여 개소에 지방부가 조직되고, 만주 간도와 봉천, 미국 하와이 등 여러 곳으로 퍼져가기 시작했다. 봉화에서도 지방부가 조직되었고, 여기에 김병련이 집행위원으로 활약하였다.

김병태(金秉泰, 1875. 7. 29~1968. 10. 29)는 1875년 문경에서 태어나 1900년까지 한학을 배웠다. 그러나 식민지 땅에서 그는 안주하며 살 수 없었다. 1919년부터 1922년 1월까지 그는 정인옥(鄭寅玉)이 펼친 군자금 활동을 지원하였다. 정인옥은 경북 문경 사람으로 1919년 7월 신덕영으로부터 권총 2정과 독립선언서·《독립신문》을 받고, 이를 이용하여 1천 5백여 원의 군자금을 모으다가 붙잡혀, 징역 10년을 언도받고 옥고를 치른 인물이다. 김병태는 바로 이 정인옥과 함께 조선독립에 관한 유고문(諭告文)과 군자금 수령증을 작성하는 등 군자금 지원활동을 펴다가 잡혀 징역 10개월의 옥고를 치렀다.

김응섭을 지원한 영감댁 사람들

오미마을 출신으로 독립운동사에 우뚝한 인물은 동전(東田) 김응섭(金應燮)이다. 1910년대 이후 독립운동에 나서서 오미마을 사람들에게 결정적인 영향을 끼친 점에서 그렇다. 그러다보니 김응섭을 지원한 형제들의 활동도 적지 않았고, 이에 따른 고초도 마찬가지였다. 어느 지역이든 이름 높은 독립운동가 주변에는 이로 말미암은 지원과 고통을 함께 겪는

김정섭 · 김이섭 · 김응섭 가계도

14세	大賢
15세	慶祖(深谷公派)
16세	時嵓
17세	弼臣
18세	侃
19세	瑞雲
20세	有源
21세	相穆
22세	宗錫
23세	重佑
24세	斗欽(入)
25세	洛周
26세	秉璜＝豊山 柳氏
27세	鼎燮　履燮　應燮　奎燮

*실선은 장자를, 점선은 장자가 아님을 뜻함.
*(入)은 양자를 뜻함.

김정섭·김이섭·김응섭이 태어난 영감댁. 가운데가 사랑채. 뒤에 안채가 있다.

많은 인물들이 있기 마련이다. 오미마을도 마찬가지였다. 가장 대표적인 인물이 바로 김응섭의 형제들이다.

김응섭의 활동을 지원했던 형제로 김정섭(金鼎燮)과 김이섭(金履燮) 그리고 종형(宗兄) 김창섭(金昌燮)이 있다. 앞에서 말했듯이 김정섭은 김응섭의 맏형으로 영감댁의 주손이며 《일록》의 저자이다. 김이섭은 김응섭의 작은형으로 둘째아버지인 김병호(金秉灝)에게 양자로 들어갔다. 김창섭은 풍산 김씨 허백당 문중의 16대 종손이다. 이들은 모두 오미마을의 상당한 재력가였다. 허백당 종손은 약 7만 2천 평, 김정섭은

김응섭의 형, 김이섭의 만년 거주지(위 – 과거, 아래 – 현재)

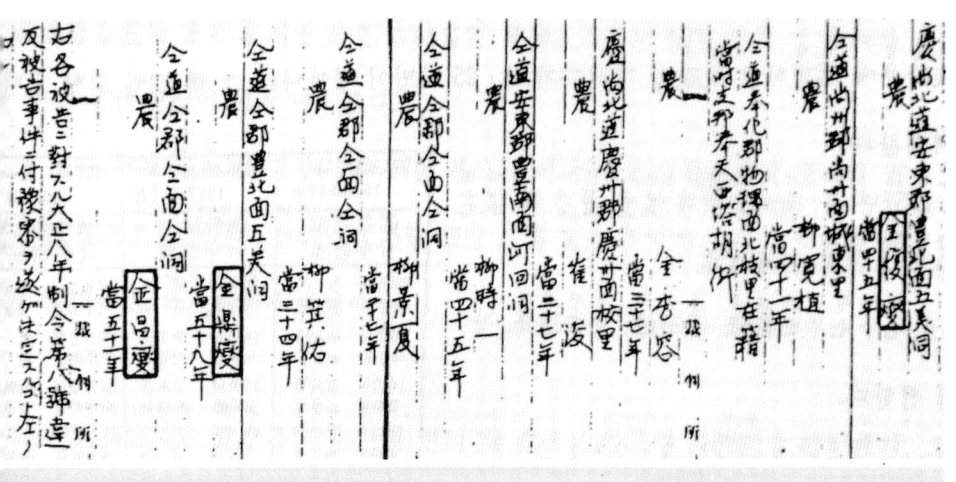

평양지방법원 예심판결(1920. 2. 25)

2만 8천 평, 김이섭은 1만 5천 평의 토지를 소유하고 있었다. 그러나 이는 오미동에 지번(地番)을 두고 있는 토지에 지나지 않는다. 이보다 더 많은 토지를 소유하고 있었을 것이다. 그런데 이들 재산의 상당수가 김응섭이 만주에서 활동하는 데 보내졌으며 이 과정에서 김이섭의 역할이 컸다고 후손들은 말한다.

실제로 1919년 김응섭을 중심에 둔 군자금 전달 사건 하나가 터졌다. 김정섭·김이섭·김창섭은 하회마을의 류시일·류경하·류기우, 상주의 류관식, 경주의 최준, 봉화의 김수용과 함께 김응섭에게 독립자금을 보냈고, 이로 말미암아 1919년 12월 일경에 붙들려 평양 경찰서로 끌려갔다. 김정섭과 김창섭은 약 두 달 동안 고초를 겪다가, 1920년 2월 25일 평양지방법원 예심에서 증거 불충분으로 면소되어 풀려나왔으나, 김이섭은 사돈 류관식과 함께 6개월 동안 투옥되어 고생하다가 1920년 5월 징역 1년형에 집행유예를 선고받았다고 전한다. 김정섭의 일기에는 당시의 상황을 잘 기록되어 있다.

> 비록 육십 평생에 처음으로 송정(訟廷)에 묶여 들어오기는 했으나, 내가 한 일은 분명코 죄가 아님에, "옛날 소대부(蕭太簿)가 늙은 몸으로 옥에 갇히어 구차하게 목숨을 구함은……"이라는 말이 떠오르니, 더욱 억울하고 통분함에 절식하고 싶은 마음 간절하였으나, 옆 사람이 정성으로 권하는 바람에 참고 먹었다. 옥중생활은, 서로 말도 못하게 하니 종일토록 묵묵히 앉아 있어야 했다. 혹 말소리가 밖으로 나가면 옥졸이 문틈으로 누구의 소리냐고 다잡고, 답이 없으면 판자문 자물쇠를 열고 들어와 나올 때까지 몽둥이를 막 휘둘러 난타하니 진범을 숨길 수가 없었다. 이 범인 아닌 범인에게 각목 창살 사이로 손을 내밀게 한 다음, 옷소매를 잡고 몽둥이로 손등을 아홉 번이나 치니, 그 손은 그 겨울 날씨에 터져 피가 흐르고 부어 종기가 생겨 마치 엎어놓은 기왓장과 같았으니 그 참상은 또 차마 눈 뜨고 볼 수 없다.……인간지옥이 이런 곳 말고 달리 있으랴!

3) 예안 3·1운동

오미 사람들이 3·1운동에 참가한 자취는 그리 보이지 않는다. 사실 독립운동사에서 가장 많은 인물들이 참가한 것이 바로 3·1운동인데, 아무리 살펴도 선뜻 눈에 띄는 인물이 없다. 의병항쟁에서 소외된 느낌을 받은 뒤, 계몽운동에서도 선두에 나서지 않았었다. 그런데 민족 전체가 일어난 3·1운동에서도 그랬던 것이다. 사실 이러한 현상은 오미마을만이 아니라, 풍산지역 전체의 보편적인 추세였다. 의병이나 계몽운동, 또 3·1운동에는 대부분 안동의 동부와 북부지역이 앞장서고, 서부지역은 비교적 나서지 않았다. 이러한 사실이 뒤집히는 현상은 3·1운동을 겪은 뒤였다.

3·1운동이란 파리에서 열리는 강화회의에 한국문제를 다루고 한국을 독립시켜 달라고 요구하는 거사였다. 제1차 세계대전이 끝나고 전쟁의 뒤를 처리하기 위한 모임이니만큼, 이것이 가능하다고 판단했던 것이다. 상해에서 논의가 시작되고, 서울에서 일어난 3·1운동은 전국 대부분 지역에서 70일이 넘게 진행되었다. 안동에서는 3월 13일에 시작된 뒤, 17일 예안시위부터 23일 안동면 2차 시위까지 가장 격렬한 투쟁이 집중되었다.

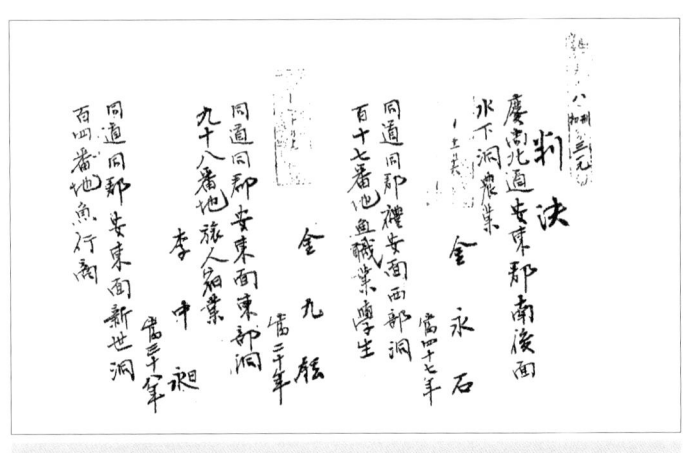

김구현 판결문(1919년 5월 10일 대구복심법원)

　예안의 시위는 예안면장 신상면(申相冕)과 진성이씨 문중 사람들이 제 몫을 다하였고, 예안 선명학교·예안보통학교 등이 참가하였으며, 만촌교회도 여기에 한몫을 단단히 하였다. 이곳 만세운동은 현직 면장이 주도하고 면사무소가 준비 사무실 구실을 맡는 드문 사례를 남겼다.

　오미마을 출신으로는 오직 김구현(金九鉉, 1900~?)만 예안 시위 기록에 등장한다. 예안면 서부동 117번지에 살고 있던 그는 당시 20세 학생이었다. 그는 원심판결조서에서 "우리 조선 민족도 자결(自決), 곧 스스로 결정하여 독립해야 한다고 생각했기 때문에 만세를 높이 불렀노라"고 주장하였다. 그는 1919

년 4월 7일 대구지방법원 안동지청에서 보안법 위반으로 징역 1년을 선고받아 불복하여 공소하였으나, 5월 10일 대구복심법원에서 기각되고, 형이 확정되어 옥고를 치렀다. 정부는 그의 공훈을 기리어 1995년 건국훈장 애족장을 수여하였다.

4 민족운동의 큰 걸음을 앞장서 간 김응섭

출생과 성장

오미마을에 들어서면 오래된 기와집이 10여 채 보이는데, 그 가운데 중심부에 영감댁이, 그 동쪽에는 참봉댁이 있다. 김응섭이 태어난 집은 3대에 걸쳐 지어진 영감댁이다. 1759년 김상목(金相穆)이 먼저 'ㄱ'자형 안채를 지었고, 나머지 'ㄴ'자형 바깥채는 그의 손자인 학남(鶴南) 김중우(金重佑)가 1814년에 마무리 지었다. 건물의 평면구성은 'ㅁ'자형으로 모두 26칸이다. 뒤쪽에는 4칸 규모의 사당이 있다. 이 집의 택호(宅號) 영감댁은 김중우의 아들 낙애(洛厓) 김두흠(金斗欽)이 동부승지의 벼슬을 지낸 데서 비롯되었다.

김응섭이 태어난 영감댁 대문채

    영감댁은 상당한 경제력을 가지고 있었다. 1914년 《토지조사부》에 따르면 맏형 김정섭이 소유한 토지는 3만 평이 넘는다. 그런데 이 수치는 오미동 안에 있는 토지만 계산한 것이다. 가까운 지역에도 많은 토지를 가지고 있던 사실까지 헤아린다면, 대토지 소유자가 별로 없는 안동에서 영감댁은 '잘 사는 집'으로 알려졌을 것이다. 또한 어린 시절 그에게 학문을 가르친 생부 김병황은 이름 있는 한학자였다. 김응섭을 비롯하여 추강 김지섭, 근전 김재봉 등 마을 안의 유망한 청년들을 가르친 사람이 바로 그였다.

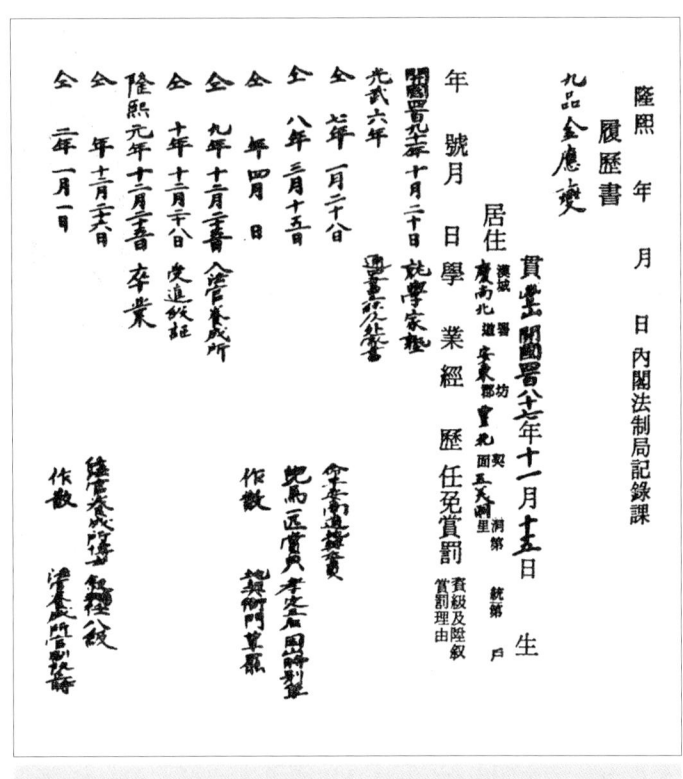

김응섭의 이력이 씌어 있는 〈대한제국관원이력서〉

　김응섭은 1878년 김병황의 셋째 아들로 태어났다. 앞에서 잠깐 말했듯이 정섭(鼎燮)·이섭(履燮)이 그의 형이며, 규섭(奎燮)이 동생이다. 김정섭은 《을미병신일록》을 남겼으며, 동생 이섭과 함께 김응섭의 독립운동 자금을 지원하는 데 꽤나 기여하였다.

〈대한제국관원이력서〉에 따르면 김응섭은 1882년 10월 가숙(家塾)에 입학하였다. 만 네 살부터 김병황 아래에서 한학을 배우기 시작했고, 만 24세인 1902년까지 공부를 계속했다. 이 무렵 그는 사서오경(四書五經)은 물론 다양한 유교경전에 통달하였다.

김응섭

김응섭의 가학(家學)은 1903년 1월 28일 평안남도 지계위원(地契委員)으로 임명되면서 끝이 났다. 어떻게 그 자리에 임명되었는지는 알 수 없으나, 김응섭은 1904년 4월 지계아문(地契衙門)이 혁파될 때까지 이 직책을 가지고 있었다. 그리고 그해 12월 26일 법관양성소박사(法官養成所博士) 8급에 임용되었다. 김응섭이 정식으로 법관양성소에 입학하기 전에 어떻게 이 직책을 임명받았는지도 알 수 없다. 다만 1908년 1월 1일 법관양성소 관제가 개정될 때까지, 그가 직책을 유지한 것만은 분명하다.

대한제국의 법관이 되다

김응섭이 법관양성소에 입학한 것은 1905년 12월 25일로, 이 때 그의 나이는 만 27세였다. 당시 입학생들은 보통 25세 정도로 김응섭과 비슷한 또래였다. 여기에서 꼬박 2년 동안 배운 과목은 법학통론·민법·형법·민사소송법·형사소송법·기타 현행법률·소송연습 등이었다. 교육은 매우 엄격하여 도중에 탈락하는 경우도 많았으며, 졸업시험을 통과해야만 했다.

김응섭은 이와 같은 과정을 마치고, 만 29세 되던 1907년 12월 25일에 졸업하였다. 졸업시험 성적에 따라서 우등(優等)과 급제(及第)로 구분되고, 그 명단이 《관보》에 성적순으로 발표되었다. 그는 5회 졸업생 22명 가운데 5등으로 우등이었다.

김응섭이 처음으로 근무하기 시작한 곳은 함흥이다. 1908년 6월 20일 함흥지방재판소의 검사가 되었다가, 1909년 3월 22일 두 번째로 평양지방재판소의 검사가 되었다. 그리고 1909년 11월 1일 평양지방재판소 영변구재판소의 판사로 옮겨 갔다.

그런데 1910년 8월 29일 이제 그는 대한제국의 법관이 아니라, 조선총독부의 법관이 되었다. 1910년 조선총독부 직원록을 보면, 그가 영변구재판소의 판사라고 적혀 있다. 그러다가 1911년 1월 9일 평양지방재판소의 검사가 되고, 1911년 12월 28일에는 고등관 7등급으로 승진하였다. 그러나 김응섭

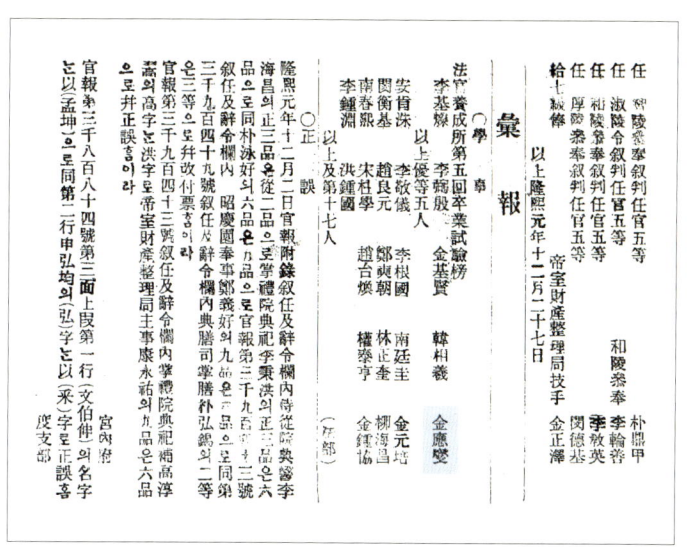

법관양성소 졸업생 성적, 우등 5인에 속한 김응섭의 성적
(구한국관보 1908년 1월 4일)

은 조선총독부 관원 생활을 오래 이어갈 수 없었다. 더 이상 일제 앞잡이로 살 수는 없었기 때문이다. 그는 끝내 1912년 6월 28일 조선총독부 검사직에서 물러났다.

그 뒤로 그는 평양에서 변호사로 활동하기 시작했다. 평양지방법원 검사국에 변호사로 등록한 때가 1912년 7월 29일이다. 1909년 4월 〈변호사명부등록규칙〉이 공포되면서, 변호사로 등록을 받고자 하는 자는 지역의 재판소 검사국을 거쳐 법부대신에게 변호사명부등록을 신청하게 되어 있었다.

그의 사무실은 평양부(平壤府) 관후리(館後里)에 있었고, 홍진(洪震)과 함께 사무실을 사용하였다. 홍진은 법관양성소 제3회 졸업생이니, 김응섭에게 2년 선배였다. 또한 관향(貫鄕)도 같은 '풍산'인데다 나이도 홍진이 한 살 위여서 둘은 가깝게 지냈다. 홍진은 김응섭보다 4년 앞선 1908년부터 평양에서 변호사로 활동하였다. 두 사람의 각별한 인연은 뒷날 상해와 만주로 이어져 독립운동을 함께 펼치는 동지가 된다.

대구에서 애국계몽운동을 전개하다

평양에서 3년 동안 변호사로 지내던 그는 대구로 변호사 사무실을 옮겼다. 변호사명부에는 평양지방법원에서 대구지방검사국 소속으로 바뀐 때가 1915년 5월 4일로 기록되어 있다. 그는 대구에 이어 상주에도 출장소를 냈다.

김응섭은 이 무렵 대구에서 비밀리에 조직된 조선국권회복단에 깊숙이 관여하기 시작했다. 1908년에는 교육구국운동의 일환으로 세워진 교남교육회(嶠南敎育會)에 가입하여 임원으로 활동할 정도로 계몽운동에 관심이 많았다. 그런데 조선국권회복단에 발을 들여놓으면서 그는 본격적으로 독립운동의 세계로 들어가기 시작했다.

조선국권회복단은 경상북도 달성군 수성면 대명동 안일암

에서 달성친목회와 강의원간친회(講議園懇親會)를 기반으로 조직된 계몽운동 계열의 독립운동단체이다. 활동 목표는 국내에서 세력을 넓히고, 나라 밖 독립운동 세력과 연계하여 독립을 쟁취하는 것이었다. 그 조직은 통령 윤상태, 외교부장 서상일, 교통부장 이시영·박영모, 기밀부장 홍주일, 문서부장 이영국·서병용, 결사대장 황병기, 마산지부장 안확 등으로 꾸려졌다. 여기에 대구에서 변호사 생활을 하고 있던 김응섭은 단원으로 참가하였다.

조선국권회복단은 1919년 '대구 28인 사건'으로 그 전모가 드러나기 전까지 다양한 활동을 펼쳤다. 만주나 러시아를 연결하여 독립군기지를 지원하고자 군자금 모금활동을 꾸준히 펼쳤으며, 1919년 4월 초에는 대한민국 임시정부에 군자금 1만 5천 원을 보내기도 했다. 또 1919년 경상도 지방 유림이 주도한 파리장서(독립청원서 발송) 거사에도 단원 장석영과 우하교가 서명하였다. 김창숙이 독립청원서를 갖고 상해로 떠난 뒤, 김응섭은 조긍섭과 독립청원서를 영문으로 번역하고, 이를 남형우(南亨祐)와 함께 상해로 가져갔다.

그러나 1919년 관련 인물 28명 가운데 13명이 일본 경찰에 붙잡혔다. 이들 모두 조선국권회복단과 대동청년단의 단원들이었다. '조선국권회복단 중앙총부사건'으로도 불리는 이 거사가 국내에서 터졌을 때, 김응섭은 이미 대구를 떠나 상해에 머물고 있었다.

대한민국 임시정부 수립에 참여하다

대구에서 변호사로, 또 조선국권회복단의 단원으로 활동하던 김응섭은 1919년 일생에 중요한 전환기를 맞았다. 영어로 옮긴 독립청원서를 가지고 남형우와 함께 중국 상해에 도착한 김응섭은 새로운 활동을 펴나갔다. 나라 안팎에서 일어난 3·1운동의 열기는 희망을 불어넣었고, 이 열기는 나라와 정부를 세우려는 의지로 불타올랐다. 상해의 그 열기 속에서 김응섭은 자신의 구실을 찾고 싶었을 것이다. 이미 만 41세, 불혹의 나이를 넘긴 그에게 인생의 새로운 장은 그렇게 찾아오고 있었다. 그것은 바로 대한민국 임시정부(이하 임시정부) 수립에 참여하는 일이다.

임시정부는 일제로부터 국토와 주권을 완전히 되찾아 '정식' 정부를 수립할 때까지 '임시'로 세운 정부로, 1919년 3·1운동을 계기로 수립되었다. 3·1운동은 온 민족이 참여하여 일제의 식민지 통치를 부정하고, 민족의 절대독립을 요구한 운동이었다. 독립선언서는 '조선이 독립국이요, 조선인이 자주민임'을 선언하였다. 그 독립국이 대한민국이고, 이를 꾸려갈 조직은 임시정부였다. 3·1운동이 퍼져가던 1919년 3월과 4월 사이에 모두 8개의 임시정부가 수립되거나 선언되었다. 이 가운데 실질적인 조직과 기반을 갖추고 세워진 것은 러시아 연해주·상해·한성 등에 자리 잡은 세 개의 정부조직이었다.

상해에서 임시정부 수립을 위한 정식회의가 열린 때는 1919년 4월 10일 저녁 10시였다. 이 회의는 다음날 오전 10시까지 계속되었는데 모두 29명이 참석하였다. 이 가운데 안동 출신으로는 일송(一松) 김동삼(金東三)이 있었다. 여기에서 정부수립을 위한 중요한 기본문제들이 논의되었다. 이것이 바로 임시의정원의 성립을 의미하는 모임이자 제1회 의정원회의요, 그 성격상 제헌의회였던 것이다. 김응섭과 함께 갔던 남형우는 이 회의에서 법무차장에 뽑혔다.

임시정부 자료에서 김응섭의 이름이 처음 확인되는 때는 임시정부가 수립되고 이틀 뒤인 4월 13일이다. 이 날 임시정부는 분과별 위원을 뽑았다. 국무·내무·외무·법무·재무·군무·교통위원을 뽑았는데, 김응섭은 한기악(韓基岳)과 함께 법무위원이 되었다. 1910년 나라를 잃고, 김응섭은 먼 타지 상해에서 임시정부 수립의 실마리를 여는 자리에 서 있었다.

그 뒤 김응섭은 제2회·제3회의 임시의정원 회의에 연달아 참석하였다. 제2회 임시의정원 회의는 4월 22일과 23일 사이에 열렸다. 여기에 김응섭은 의원으로 참석하였다. 이날 회의에서는 각 부의 차장제(次長制)를 폐지하고, 위원제로 바꾸었다. 위원을 선출하기 위한 선거위원 15명을 뽑았는데, 임시의장 이동녕의 추천으로 김응섭은 선거위원의 한 사람이 되었다. 그리고 각부 위원을 뽑았는데, 김응섭은 남형우·한기악과 함께 법무부위원을 맡게 되었다. 그리고 4월 25일 임시의정원 제3회 회의가 열리고, 모두 70명이 참석하였다. 김응섭도 거기에 있었다. 특히 이날 회의에서는 임시의정원법을 통과시켰으니, 법무부위원을 맡고 있던 김응섭에게는 남달리 뜻 깊은 날이었을 것이다.

그 뒤 4월 30일부터 열린 제4회 임시의정원 회의에는 더 이상 그의 이름이 보이지 않는다. 제1회·제3회 임시의정원 회의에 참여했던 김동삼의 이름이 보이지 않은 것도 이 무렵이다. 김응섭은 7월까지도 상해에 머문 것 같다. 일제의 정보기록에 따르면, 그가 1919년 7월 19일에 상해 프랑스 조계에 머물고 있다면서, 그를 불령(不逞) 조선인으로 분류하고 체포 대상으로 삼았기 때문이다.

서로군정서의 법무사장(法務司長)이 되다

얼마 뒤, 김응섭의 모습은 서로군정서(西路軍政署)에 나타난다. 서로군정서는 3·1운동이 끝나고 서간도 지역에서 조직된 무장독립단체이다. 3·1운동의 영향은 만주에서도 요동쳤다. 3·1운동이 일어나던 무렵, 남만주 일대에서 활약하던 독립운동가들은 〈대한독립선언서〉를 발표하였다. 제1차 세계대전이 끝나자마자 나라 안팎에서 독립선언서가 발표되었는데, 그 흐름을 앞장서서 이끌어낸 것이 바로 이 선언이다. 여기에 서명한 사람은 모두 39명으로, 모두 이름난 '민족 대표급' 인물이었다. 대종교 교주 김교헌을 선두로 해서 안창호나 이승만 등 당대 최고의 지도자들로 구성되었고, 그 가운데 안동 출신으로 이상룡과 김동삼이 들어 있었다.

같은 무렵인 1919년 3월 만주 한인사회의 자치기구를 다시 만들었으니, 그것이 바로 한족회(韓族會)이다. 이상룡은 중앙위원회 위원을, 김동삼은 총무사장을, 김규식(金圭植)이 학무부장을 각각 맡았으며, 신흥무관학교를 졸업한 김성로(金聲魯)도 여기에 참여하였다. 한족회는 정부조직체 수립에 나섰다. 이미 독립을 선언했으니, 다음으로 독립국을 유지할 정부조직체가 필요하였다. 우선 3·1운동 직후 국내로부터 만주로 이동해 오던 청년들을 에너지원으로 활용할 계획을 세웠다. 그러자면 무엇보다 군대를 길러낼 무관학교가 필요하였다. 그래서 한족회는 1919년 5월에 신흥무관학교를 만들었다. 이 학교는 신흥강습소와 신흥중학교를 이어받은 것이다.

다음으로 이들은 1919년 4월 초순 유하현(柳河縣) 고산자(孤山子)에서 독립전쟁을 실현할 군정부를 조직하였다. 이는 무장투쟁을 위한 군사정부였으므로, 군대를 편성하고 무장투쟁을 펼치기 위한 조직을 꾸렸다. 이상룡이 최고 책임을 맡았고, 여준(呂準)이 부총재를, 이탁(李沰)이 참모장을 맡았다. 그런데 상해에서 임시정부가 수립되었으므로, 조정한 끝에 임시정부에 소속된 조직, 서로군정서로 고치기로 했다.

서로군정서는 독판제(督瓣制)로 운영되었다. 그 조직은 독판부(대표부)·정무청(민정담당)·군정청(군정담당)·참모부(군사지휘) 등으로 구성되었다. 최고 대표직인 독판에는 이상룡이, 군사지휘를 총괄하는 참모부의 대표인 참모장에는 김동삼이 선임되었다. 여기에서 김응섭은 법무사장(法務司長)으로 등장하였다.

서로군정서에서 김응섭이 벌인 활동 가운데서 눈에 띄는 것은 '조선독립운동후원의용단'(이하 의용단) 조직이다. 의용단은 1920년 9월에 결성되어 1922년 12월까지 활동한 국내 비밀결사 조직으로, 서로군정서를 후원하고자 만들어졌다. 의용단이 결성되는 데 결정적인 구실을 한 사람이 바로 김응섭이다.

김응섭은 김찬규(金燦奎)를 만나 국내에서 군자금을 모아달라고 부탁하였다. 당시 김찬규는 조선민족대동단 사건 이후 만주로 망명하여 여관을 경영하며 독립자금을 후원하고 있었는데, 김응섭의 요청을 받아들여 서로군정서 총재 명의로 된 위임장 2통과 암호문 1통 등을 가지고 국내로 들어왔다. 이때 그는 김응섭에게 받은 권총 1자루와 실탄 14발, 폭탄에 쓰는 발화금 1개까지 가지고 왔다. 김찬규는 서로군정서의 지령을 수행하고자 이응수·신태식을 만나고, 군자금 모집을 위한 의용단을 조직한 뒤, 군자금을 모으기 시작했다. 신태식은 경북단장, 김찬규는 경남단장, 이응수는 경북총무, 금계마을 출신의 김용환은 서기를 맡아 군자금 모집에 나섰다. 그러나 1922년 11월 무렵부터 일제의 경찰망에 포위되어 김찬규가 붙잡히고, 모두 세 차례나 검거되면서 군자금 모집활동은 중단되고 말았다. 이 거사로 체포된 사람은 40여 명에 이른다.

이르쿠츠크파 고려공산당에서 사회주의 활동에 나서다

	1921년에 들어 김응섭의 활동은 새로운 국면을 맞았다. 1921년 5월에 조직된 이르쿠츠크파 고려공산당에 그가 가입하여 활동한 것이다. 그가 어떻게 이르쿠츠크파 고려공산당에 발을 디뎠는지는 알 수 없지만, 독립운동사에서 최대의 비극인 자유시 참변의 한 가운데 그가 서 있었음은 틀림없다.

자유시 참변은 1921년 6월 29일 러시아 흑룡주 자유시(아무르 주 스보보드니)에서 일어난 사건이었다. 봉오동·청산리 전투에서 대패한 일본군이 1920년 10월부터 간도지역을 침공하자, 독립군들이 이를 피해 아무르 지역으로 옮겨갔다.

자유시에 모인 4천 5백여 명의 한인 무장부대는 통합을 시도하였다. 그러나 그것이 쉽지 않았다. 1921년 5월 이르쿠츠크파와 상해파가 각각 고려공산당을 결성하고 세력 경쟁을 벌이고 있었고, 공산당의 분열은 결국 무장단체의 분열을 부채질하였다. 두 개의 고려공산당이 성립됨에 따라 아무르 주에 모인 한인 무장부대도 대립하게 된 것이다.

이르쿠츠크파 고려공산당은 무장투쟁을 최우선으로 삼았다. 이들은 당 대회를 끝마치고 바로 1921년 5월 18일에 정식으로 고려혁명군정의회를 조직하였다. 군정의회는 곧바로 한인 무장부대들이 집결해 있는 아무르 주로 출발하였다. 군정의회 지도부가 자유시에 도착한 것은 1921년 6월 6일이었다. 고려혁명군정의회는 대한독립군단 소속 독립군들을 포위·살상하고, 강제노역소로 끌고 갔다. 이 사건이 바로 자유시 참변이다. 자유시 참변은 독립운동사에서 가장 많은 인원이 모였다고 해도 과언이 아닌 통합부대가 한순간에 괴멸상태에

빠져버린 비극적 사건이었다.

상해파는 사건 책임자를 찾아내 징벌할 것을 주장하였다. 우선 그 책임자로 대한국민의회를 지목하였다. 북간도지역 11개 단체의 〈성토문〉 또한 대한국민의회를 매우 비난하였다. 이와 더불어 이르쿠츠크파 고려공산당, 코민테른 극동비서부의 슈마츠키, 고려혁명군정의회 사령관 칼란다라쉬빌리 등과 함께 문창범·김철훈·오하묵·원세훈·이성·조훈·남만춘·최고려·오진형·김응섭·유동열·서초·안병찬·장건상·최의수·김기룡 등 17명이 유혈사태의 책임자로 지목되었다. 이들은 대한국민의회와 이르쿠츠크파 고려공산당의 주요 인물이다. 바로 이 가운데 김응섭이 들어 있다. 여기서 그가 이르쿠츠크파 고려공산당에 깊숙이 발을 들여놓고, 그 속에서도 상당한 영향력을 갖고 있었음을 알 수 있다.

자유시 참변 이후 고려공산당에서 이르쿠츠크파와 상해파의 갈등은 코민테른의 통합 요구와 압력에도 쉽게 해결되지 않았다. 바로 이 문제에 김응섭이 뛰어들었다. 그는 1922년 10월 베르흐네우진스크로 이동하였다. 그곳에서 열릴 고려공산당 연합대회에 참석하기 위해서였다. 김응섭은 고려공산당 연합대회에 출석하여 임시집행부 위원이 되었다. 코민테른 집행위원회의 검사위원회는 1921년 11월 15일 5개항의 〈제3 국제공산당 검사위원회 결정서〉를 채택하였다. 이 결정서를 근거로 삼아 상해파와 이르쿠츠크파는 같은 인원으로 고려공산당 연합중앙간부를 구성하였다. 상해파에서는 이동휘·홍도·김철수·이봉수, 이르쿠츠크파에서는 안병찬·이성·김응섭·장건상이 들어 있었다. 그러나 결국 이 연합대회는 성과를 거두지 못했고, 1922년 12월에 조선공산당 중앙총국, 곧 꼬르뷰로가 블라디보스토크에서 조직되었다.

국민대표회의에 참가하다

1923년 1월 상해에서 국민대표회의가 열렸다. 나라 안팎 각지의 독립운동가 대표들이 중국 상해에서 대한민국 임시정부의 개편을 비롯하여 독립운동계의 현안 문제들을 논의하고자, 1923년 1월부터 6월 초까지 5개월 동안 연 회의였다. 국민대표회의의 소집은 1921년부터 주장되기 시작했고, 2년 동안의 준비과정을 거쳤다. 1921년 3월 15일 안창호와 여운형은 국민대표회준비촉진회(國民代表會準備促進會)를 조직하였다. 그리고 5월 19일에는 국민대표회의 소집에 찬동하는 300여 명의 명단을 확보하여 국민대표회주비회(國民代表會議籌備會)를 조직하고 조직위원 20인을 선정하였다. 주비회는 1922년 6월 3일자 《독립신문》을 통해 국민대표자 소집에 관한 중요사항 발표를 공포하였다. 이 내용은 주비회가 대표를 선출할 지역과 단체에 대한 구체적인 인원을 밝힌 것이다.

이에 따라 김응섭의 발걸음도 빨라지기 시작했다. 자유시 참변 이후 길림에서 활동하던 그는 독립운동단체가 총망라된 국민대표회의 쪽으로 발길을 옮겼다. 《독립신문》에 따르면, 김응섭은 늦어도 1922년 12월 13일까지는 상해에 들어와 있었다. 그리고 그는 러시아 시베리아 지방의 대표 자격으로, 1923년 1월 3일 상해 프랑스 조계 민국로(民國路) 미국인 예배당에서 열린 국민대표회의에 참가하였다. 개최일에 참여한 대표 62명 가운데는 김응섭이 포함되어 있었다. 이 때 안동 출신으로 김동삼이 서로군정서 대표로 참석하여 의장을 맡았고, 김형식도 한족회 대표로 참석하였다.

대표 자격을 인정받은 전체 인원은 130명을 넘었고, 회의는 5월 15일까지 총 63회에 걸쳐 진행되었다. 그러나 회의는 3월 5일부터 어려움에 부딪쳤다. 시국 문제에 대한 토론이 시작되면서 각 지방과 단체의 대표자들이 독립운동에 관한 의견과 시국관에서 차이를 보였기 때문이다. 임시정부를 해체하고 새로운 정부를 조직해야 한다는 창조파와, 임시정부를 그대로 유지하면서 실정에 맞게 효과적으로 개편 보완해야 한다는 개조파의 주장이 팽팽히 맞섰다. 이로 말미암아 독립운동사에서 최대 규모의 통합 모임이었던 국민대표회의는 끝내 해산되고 말았다.

그러나 창조파는 6월 7일 비밀회의를 열어 국민위원회를 구성하고, 새로운 정부를 세우고자 전문 18조로 된 위원제의 헌법 초안을 기초하였다. 임시정부를 해체하고 새로운 정부를 조직해야 한다는 창조파의 주장에 서 있었던 김응섭도 여기에 참여하였다. 창조파만 모인 회의에서 국민위원 33명, 국무위원 4명, 고문 31명으로 정부조직이 꾸려졌다. 국민위원에 윤해·김규식·김창숙·원세훈·신숙·박용만·한형권·김응섭 등 33명이 선임되고, 국무위원에는 신숙(내무위원장)·김규식(외무위원장)·윤덕보(재무위원장)·김응섭을 선정하였다. 김응섭은 국민위원이자 국무위원이며 법제경제위원장에 선임되었다.

창조파가 신정부를 수립하자 곳곳에서 이를 비난하는 성명서가 발표되었다. 심지어 고문으로 추대된 인사들도 이들을 비난하였다. 이와 같은 경고에도 창조파는 새로운 정부를 구성하고 30여 명이 블라디보스토크로 향하였다. 이들은 신한촌(新韓村)에 머물고 있던 코민테른 동양부장 대리인 파인불크와 정식 면담하여, 한국독립당 조직 방안에 대한 조인을 완료해 놓고 재정지원에 대한 세부적 문제를 협의하였다. 그러나 소련이 정책을 변경하여 1924년 2월 15일 국제공산당에서 앞서 약속했던 재정지원 문제를 보류한다고 알리면서, 신정부가 들어서는 것을 허가하지 않았다. 결국 이들은 블라디보스토크에서 쫓겨나고 신정부는 무너지고 말았다.

한족노동당을 이끌다

국민대표회의 창조파에 가담하여 새로운 정부를 구상하려던 김응섭의 꿈은 사라졌다. 블라디보스토크로 갔다가 추방되어 중국으로 돌아오는 길에 창조파들은 흩어졌고, 그는 길림성 반석현에 자리 잡았다. 그는 여기에서 사회주의 단체인 한족노동당을 조직하였다. 김응섭이 반석현에 정착한 데는 지연과 밀접한 관계가 있었다. 그곳에는 이상룡 일가를 비롯한 안동 출신 독립운동가들이 머물고 있었기 때문이다. 또한 길림지방에는 경상도 출신 농민들이 주류를 이루고 있었으므로 필요한 인원을 확보하기 쉬웠다.

한족노동당 발기대회는 1924년 8월 반석현에서 열렸다. 김응섭은 안동 출신이자 이상룡의 조카인 이광민과 함께 이 발기대회를 이끌었다. 한족노동당은 그해 11월 4일 반석현 부태하(富太河)에서 창립총회를 열었다. 창립 당시 발기인 495명과 신입 당원 323명 등 모두 818명의 당원이 가입되어 있었는데, 창립총회에는 그 가운데 34명이 참여하였다. 이 때 한족노동당 조직은 중앙기관으로 중앙의사위원회와 당무집행위원회를 두고 있었다. 중앙의사위원회는 17명의 중앙의사위원으로 구성된 의결기관이었고, 당무집행위원회는 서무·이재·장학·산업·선전부 등 5개의 부로 구성된 집행기관이었다. 그리고 각 지방에 거주하는 당원을 기반으로 지방기관을 조직하였다. 여기에서 김응섭은 중앙의사위원회의 위원장을 맡게 되었다. 이는 한족노동당의 실질적인 최고 자리에 해당한다.

김응섭이 반석현에서 한족노동당의 지도자로 급부상하고 있을 때, 민족주의 계열의 단체인 정의부가 조직되었다. 1924년 11월에 설립된 정의부는 압록강과 두만강의 건너편 지역을 비롯하여 길림성과 흑룡강성 지역 전체를 장악하는 조직이었다. 정의부는 입법·사법·행정의 기능을 펼 수 있는 중앙조직을 갖추었다. 임시행정집행위원회의 업무가 끝나고 1925년 3월 초 최초로 중앙조직의 직제 및 간부진을 구성하였는데, 여기에서 김응섭은 중앙심판원장이 되었다. 앞서 본 이광민의 경우도 한족노동당의 지도자였으나 정의부의 민사부 서무과 주임위원이 되었다.

김응섭은 1920년대 전반기 북경에서 러시아를 오가며 이르쿠츠크파 고려공산당에 깊숙이 관여하였다. 그리고 만주로 가서 사회주의 단체를 결성해 나갔다. 그런 그가 한족노동당을 꾸리면서 민족주의 계열 단체인 정의부에서 다시 요직을 맡은 이유는 무엇일까? 그가 한족노동당을 성립시키려던 1924년 중후반, 남만주지역은 아직 사회주의 이념을 내세워 단체를 결성할 형편이 아니었다. 때문에 김응섭은 일단 기존의 민족주의계 독립군단 구성원들을 대상으로 인물을 포섭하고, 그들의 거부감을 감안하여 처음에는 사회주의 노선을 적극 실천하기보다는 민족주의적 입장에서 단체를 이끌었던 것이다. 그러다가 1925년 11월 사회주의 이념단체인 남만청년동맹이 성립되고 그 지원이 있자, 한족노동당 또한 본래 추구하려던 사회주의 노선으로 전환했던 것 같다.

이러한 이유로 한족노동당은 성립 초기 활동의 목적을 주로 이주 동포를 계몽하고 단결시켜 신사회를 건설하는 데 두었다. 한족노동당은 이를 실천하고자 두 가지 활동을 벌였다. 하나는 문맹퇴치와 민중의 계몽을 위한 노동강습회를 여는 것이고, 다른 하나는 《노동보》라는 기관 신문을 발간하여 이주 한인의 힘을 하나로 뭉치도록 이끄는 것이었다. 이는 정의부의 활동과 크게 다르지 않았고, 《노동보》에 실린 내용들은 민족주의적 색채를 강하게 띠고 있었다. 그런데 1926년 1월 이름을 바꾸어 발간된 《농보》에서 사회주의적 색채를 강하게 띠는 변화가 나타났다. 여기에는 민족을 넘어선 노동자·농민 등 무산자의 단합과 혁명이 강조되었다.

　1925년에 들어와 김응섭은 다물청년당 활동에도 깊게 관여하였다. 다물청년당은 1923년 무렵에 성립된 것 같다. 이 단체는 조직되고 1~2년 동안 특별한 활동을 펼치지 못하고 단체의 명맥만 잇다가, 1925년 5월 무렵 정의부 인물들이 대거 참여하여 단체를 새롭게 만들면서 재출발한 것으로 알려진다.

　다물청년당의 주된 활동은 이주 동포들에게 혁명의식을 불어넣는 것이었다. 노동자·농민 또는 약소민족 등 약자로 분류되는 모든 이들에게 혁명의식을 불어넣는 데 주안점을 두었다. 이를 위해서 중앙에서는 중앙집행위원 또는 간의원(幹議員) 의원 가운데 혁명 논리가 굳건한 인사를 선전위원으로 임명하여 원의회에 파견하였다. 파견된 선전위원들은 원의회의 의원들을 교육하고, 그 지역의 당원들을 소집하여 혁명사상을 교육하였다. 김응섭이 담당한 부분이 바로 이런 것이었다.

　이와 같이 김응섭은 한족노동당의 중앙총회가 있기 전까지 정의부와 다물청년당의 업무를 맡고 있었다. 그리고 한족노동당의 활동이 본격적으로 전개되자, 1926년 2월 그 활동 근거지를 반석현으로 옮겼다. 그 뒤 1928년 2월 한족노동당은 공산주의 농민운동 조직인 재만농민동맹으로 개편되고, 김응섭은 중앙집행위원장으로 선출되었다.

만주총국의 간부가 되다

한족노동당을 이끌며 사회주의 영역을 꾸준히 확대하던 김응섭은 1926년 조선공산당 만주총국의 위원이 되었다. 1917년에 일어난 러시아 혁명 이후 연해주 지방을 비롯한 여러 경로를 통해 만주지역에 사회주의 사상이 퍼졌다. 이곳에 자리 잡은 동포들은 이를 적극적으로 받아들이기 시작했다. 중국인의 소작농으로 살아가는 열악한 사회경제적 여건은 사회경제적 불평등과 계급모순을 청산하자고 주장하는 사회주의에 매력을 느끼게 만들었다. 또 독립운동의 방법론과 관련하여 소비에트 러시아의 지원을 기대하는 일부 민족운동가들도 사회주의적 민족운동론에 관심을 가졌다.

이러한 배경에서 1923년 2월 1일 영고탑에서 최웅렬(崔雄烈)·오성륜(吳成崙) 등이 만주지역 최초의 사회주의 단체인 적기단(赤旗團)을 조직하였다. 그 뒤로 만주지역에서 한족노동당·재만농민동맹·남만청년동맹 등 많은 사회주의 단체가 결성되어 사회운동을 활발하게 폈다. 그리고 1925년 11월에는 반석현에서 남만청년총동맹이 결성되었다.

이러한 분위기 속에서, 1925년 9월 국제공산당의 결정과 같은 해 조선공산당 중앙의 승인으로 만주총국 설립이 추진되었다. 강달영을 비롯한 제2차 당 중앙집행위원회는 1926년

2월 서울에서 제3회 중앙집행위원회를 열고, 상해·만주·일본·연해주 각 부의 설치와 그 책임자 선정에 관해 협의하였다. 그 뒤 강달영은 4월 초 당의 지역지부로서 만주총국을 건설하라는 내용을 담은 서신을 상해부의 김찬에게 보냈다. 그러자 김찬은 조봉암·최원택·김동명을 만주로 파견하였다. 당 중앙에서는 1926년 5월 13일 조봉암을 만주총국 조직 전권위원 및 총국책임자로 임명하였고, 조봉암 등은 하얼빈 동쪽의 위하현(葦河縣) 일면파(一面坡)에서 김철훈·김하구·윤자영 등을 만나 조선공산당 만주총국을 조직하였다.

여기에 참가한 조봉암·최원택·김동명·김철훈·김하구·윤자영은 모두 집행위원을 맡았다. 책임비서에 조봉암, 선전부장에는 윤자영, 조직부장으로 최원택이 선임되었다. 만주총국은 본부를 영안현 영고탑에 세우고 지방에 지역 각부를 두었다. 제2차 조선공산당의 주도로 결성된 만주총국은 기본적으로 화요회계가 주도한 제1차 조선공산당을 잇고 있었다.

만주총국이 성립된 지 얼마 지나지 않아, 간부들이 바뀌는 일이 생겼다. 책임비서인 조봉암은 코민테른의 극동부원으로 활동하기 위해 상해로 떠났고, 윤자영 또한 건강 문제로 사임하였다. 그리하여 조직부장인 최원택 한 사람만 남게 되었다. 이와 같은 상황에서 1926년 9월, 서울에서 제3차 조선공산당 조직에 참가했던 오의선이 만주총국의 책임비서로 부임하였다. 공석인 선전부장에 김동명, 그리고 새로운 직제인 군사부장에는 박윤서가 뽑혔다. 1926년 가을에는 이들을 포함해, 새롭게 개편된 만주총국의 간부 진용이 갖추어졌다. 그런데 이 때 간부로 선정된 9명 위원 가운데 김응섭이 들어 있었다. 또한 고향 이웃마을인 가일마을 출신인 안기성(安基成)도 여기에 들어 있었다. 김응섭은 1927년 제1차 간도공산당사건 이후 김찬이 주도하여 만주총국을 개편할 때까지 간부로 활약하였다.

한편 김응섭은 이보다 조금 앞선 1926년 8월 18일 이유필(李裕弼)·조상섭(趙尙燮)·조소앙(趙素昻)·최창식(崔昌植)과 함께 임시정부 국무위원으로 뽑혔다. 국무령에 선임된 홍진이 그를 추천한 것이다. 홍진은 앞에서 본 것처럼 1911년 평양에서 변호사로 함께 일하며 인연을 맺은 선배이다. 홍진은 1926년 7월 8일 임시정부 국무령 취임식에서 "비타협적 자주독립의 신운동을 추진할 것, 전 민족을 망라하여 공고한 당체(黨體)를 조직할 것, 전세계 피압박 민족과 연맹하여 협동전선을 조직하는 동시에 연락이 가능한 우방과 제휴할 것" 등을 주장하며 민족이 대동단결하기 위해 대당(大黨)을 결성할 필요가 있다고 역설하였다. 민족 대동단결의 필요성을 절감하고 있던 홍진에게는 사회주의와 민족주의 계열의 단체를 넘나들며 활동을 하고 있던 김응섭이야말로 매우 필요한 인물이었을 것이다. 그러나 그는 멀리 있어 국무위원에 함께 취임하지 못하였다. 자료에는 그가 사직함에 따라 그 해 12월 9일 해임된 것으로 기록되어 있다.

민족유일당 운동에 나서다

1920년대 초의 독립운동을 계승한 남만주와 북만주의 민족운동단체들은 1925년 이후 적극적으로 '민족유일당 운동'을 추진하였다. 이는 독립운동을 이끌어 갈 하나의 통일된 지도정당을 세움으로써 독립운동의 효율을 높이고 만주에 거주하는 한인들의 생활안정을 도모하는 데 목적을 둔 것이다. 특히 1925년 6월 조선총독부와 중국 봉천성 사이에 맺어진 '미쓰야 협정' 때문에 중국 동부 군벌정권은 독립운동 세력과 재만 한인에 대해 탄압 강도를 높여갔다. 이에 대응하기 위해서도 동포사회를 하나로 통일하는 지도단체를 만들어야 했다.

그러자 남만주의 정의부는 1927년 초 회의를 열어 만주지역의 민족유일당 결성을 결의하고, 이를 성사시키고자 여러 지역에 대표를 파견하였다. 이에 따라 1927년 4월 15일부터 길림 신안둔에서 민족유일당을 결성하기 위한 제1회 대표회의가 열렸다. 이 때 한족노동당을 이끌던 김응섭도 여기에 참여하였다. 여기에는 안창호, 정의부의 김동삼·오동진, 남만청년동맹의 박병희 등을 비롯한 좌우파 인사 52명이 참가하였다. 그런데 회의가 4일이나 계속되었지만, 뚜렷한 성과도 없이 끝나고 말았다.

이에 김응섭을 비롯한 일부 인사들은 '시사연구회'라는 기관을 조직하여 유일당 문제를 협의하기로 하였다. 시사연구회는 김응섭과 이탁·최동욱·박병희·이일세 5명을 대표위원으로 뽑고, 이들의 책임 아래 방안을 찾아 나갔다. 한편 시사연구회가 결성되기 전 1926년 5월 북만주의 영고탑에 설치된 조선공산당 만주총국에서도 1927년 1월에 민족유일당과 관련한 활동 지침을 다음과 같이 발표하였다.

> 통일적 민족유일당을 전제로 하고, 이에 개인 본위로서 전 만주의 정예분자를 망라하여 전만 단일기관으로 한다. 국내외를 통하여 민족유일당이 성립되는 날에는 무조건 이에 참가할 것, 그 조직 방법은 당 조직 방법에 준거하여 비밀조직으로 할 것

조선공산당 만주총국의 이 같은 지침은 사회주의 운동가들이 만주에서 민족유일당 운동에 적극적으로 참여할 수 있는

길을 열어놓았다. 또 조선공산당 중앙에서도 제국주의에 반항하는 모든 요소를 조직하여 협동전선 단일당을 조직할 것, 그 범위는 우선 만주에 한할 것, 각 파를 빠짐없이 규합시킬 것, 그리고 시사연구회를 그 출발로 삼을 것 등을 명하였다. 이는 시사연구회를 유일당 운동을 진행시킬 수 있는 조직으로 인정한 조치였다. 이것은 한족노동당 대표로서 시사연구회의 대표위원이 된 김응섭에게는 큰 힘이 되었을 것이다.

김응섭을 비롯한 시사연구회 대표위원 5명은 1927년 12월 중에 반석현에서 '남만혁명동지연석회'를 열기로 결정하고, 각지의 한인 항일단체에 이를 알렸다. 이 회의가 여러 사정으로 열리지 못했지만, 시사연구회는 민족유일당 성립을 위한 준비작업을 꾸준히 펼쳤다. 그 준비가 한창이던 1928년 1월 상해에서 만주의 민족통일운동을 촉진하고자 홍진과 정원(鄭遠)을 파견하였다. 그런가 하면 정의부 중앙집행위원인 김동삼과 김원식도 4월 신민부를 방문하여 민족의 대동단결을 힘주어 말하였다. 이와 같이 만주에서 민족유일당을 조직하려는 분위가 고조되면서 1928년 5월 12일부터 화전현 성흥학교에서 민족유일당 조직을 위한 회의가 열렸다. 모두 18개 단체의 대표 39명이 모였다.

5월 12일부터 26일까지 보름 동안 대표들은 화전현과 반석현에서 회의를 진행하였다. 그러나 통일의 방법론에서 대표들은 끝내 의견 차이를 좁히지 못하고 말았다. 결국 단체본위 조직론을 주장한 단체와 대표들은 전민족유일당협의회를, 개인본위 조직론을 주장한 측은 전민족유일당촉성회를 결성하였다. 재만농민동맹을 이끌고, 개인본위 조직론을 지지했던 김응섭은 촉성회에 가담하였다.

민족유일당을 만들기 위한 운동이 끝내 재만독립운동 세력을 협의회와 촉성회 두 파로 나누어지는 것으로 결론을 맺자, 협의회를 이끌던 정의부는 유일당운동에 참가하지 못한 참의부와 신민부를 묶어 3부 통일을 이루고자 나섰다. 그러나 1928년 1월 초 통합회의는 결렬되고 3부 대표들은 해산하였다. 그러자 촉성회파와 협의회파를 중심으로 헤쳐 모이는 양상이 나타났다. 3부의 구성원들은 서로 이념이 일치하는 인사들끼리 기존 단체에 얽매이지 않고 모이기 시작하였다. 그 결과 1928년 12월 하순 정의부 인사 가운데 촉성회를 지지하는 측과 신민부의 군정파 그리고 참의부의 일부가 연합하여 혁신의회를 조직하였다.

그러나 협의회파가 국민부를 결성한 뒤 촉성회파 인사들은 혁신의회를 해체하고, 각기 자신의 활동 근거지로 돌아갔다. 신민부의 군정파인 김좌진은 영안현 해림(海林)으로, 참의부의 김승학 등은 남만주로, 정의부의 이청천 등은 그들의 관할 구역인 오상현의 충하진(冲河鎭)으로 이동하였다. 홍진은 유일당운동이 결렬된 뒤 길림성 안에 있는 김응섭의 집에 머무르고 있었다. 그리고 1929년 4월 이청천이 이동해 있던 오상현으로 떠났다.

1928년 12월 김응섭이 속한 사회주의 운동계열에도 폭풍이 휘몰아쳤다. 코민테른에 따른 조선공산당의 해체와 일국일당(一國一黨) 원칙에 따른 중국공산당의 가입 등 여러 요인이 작용하면서, 두 세력의 대립과 마찰은 격렬한 양상을 띠게 되었다. 그 뒤 김응섭의 구체적인 활동은 손에 잡히지 않는다.

일제에 붙들려 귀국하다

1919년 상해로 건너와 만주와 러시아를 오가며 민족운동을 전개하던 김응섭은 1931년 장춘에서 체포되었다. 1931년 3월 25일 김응섭은 중동선 방면으로 가려고 길림에서 장춘으로 가는 길장선(길림-장춘) 열차에 몸을 실었다. 그러나 그의 발걸음은 장춘 일본경찰서에 포착되었고, 결국 붙들리고 말았다. 김응섭은 약 두 달 동안 고초를 겪었다. 그가 옥중에서 지은 한시(漢詩) 가운데 물고문을 당하고 신음하는 자신의 모습을 표현한 구절이 있다. "한 말이 넘는 찬물을 코로 먹이니

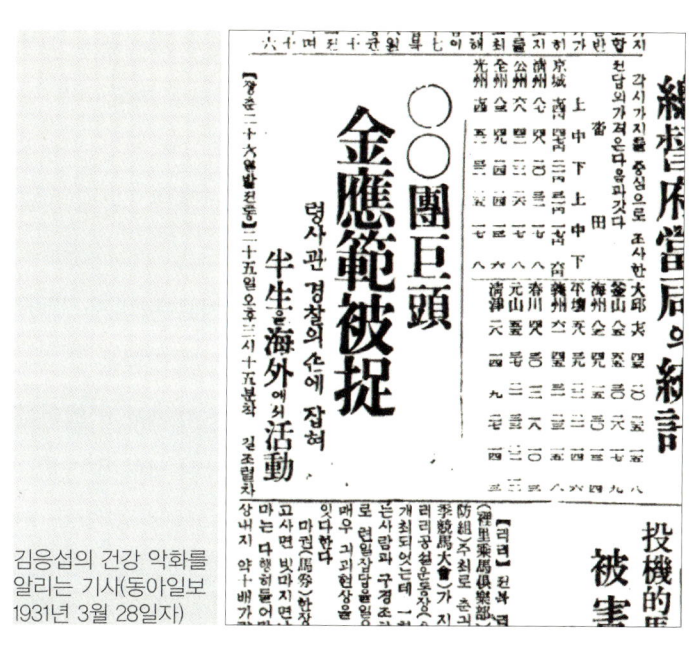

김응섭의 건강 악화를
알리는 기사(동아일보
1931년 3월 28일자)

온몸이 물고기 되어 누워서 신음한다[鼻吸斗餘淸冷水 渾身魚化臥呻吟]"는 표현이 그것이다. 두 달 동안 취조 받은 뒤 풀려난 그는 1931년 5월 25일 일본 경찰에 이끌려 장춘을 떠나 대구로 이동하였다. 오랜 망명 생활과 고문으로 말미암아 김응섭의 건강은 매우 나빠졌다. 《동아일보》는 맹장염이 발생하여 매우 위중한 상황이라 고향까지 무사히 갈 수 있을지 매우 의문이라고 김응섭의 상황을 기록하였다.

극도로 건강이 나빠진 김응섭은 오랫동안 치료를 받았다

고 전해진다. 1931년 8월 20일 김재봉이 동생 김재홍에게 보낸 옥중 편지 속에도 만주에서 귀국하여 치료를 받고 있는 김응섭의 치료 경과를 묻고 있는 것으로 보아 그의 건강은 좋지 않았음을 짐작할 수 있다. 그는 몇 년 동안 투병생활에 시달렸다고 전해진다.

귀국한 뒤 김응섭의 활동을 알려주는 자료는 많지 않다. 1935년 1월부터 10월까지 각 지방의 사회운동 정황을 보고한 《사상휘보》(제5호)에 따르면, 김응섭은 조용히 지내고 있었다고 한다. 일제 경찰은 김응섭을 비롯하여 당시 안동에 머무르고 있던 사회운동의 거두 이준태·김남수·이덕숙 등을 늘 세밀히 살피고 있었다. 이 같은 일경의 감시도 감시이지만 안동의 사회운동이 잦아든 상황에서 그가 활동하기는 어려웠을 것이다. 문중의 기록인 《허백당세적》에는 그가 건강을 회복하자 강원도 철원에서 철원농장을 경영했다고 기록되어 있다.

해방 후 김응섭의 발걸음은 다시 빨라졌다. 그는 전국유교연맹(全國儒敎聯盟)을 이끌었다. 이 연맹은 1947년 3월 24일에 결성된 조직으로 강대국에 대한 의존을 배제하고 조국의 자주독립을 달성하는 데 목적을 두었다. 결성대회는 24일 천도교강당에서 개최되었고, 그 자리에서 개회사를 맡은 이가 김응섭이었다.

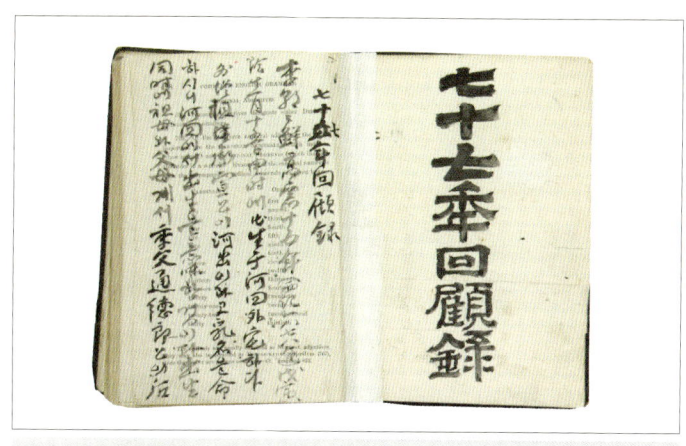

김응섭의 회고록

1948년 4월, 김응섭은 전국유교연맹의 대표로 평양에서 열린 남북 정당사회단체대표자 연석회의에 참가하였다. 민전(民戰 : 민주주의민족전선의 약칭) 산하 각 단체대표 80명이 평양으로 향했는데, 이때 김응섭도 이들과 함께 갔던 것이다. 만주와 중국 관내 그리고 러시아를 오가며 독립운동을 펼치며 민족유일당 운동에 앞장섰던 김응섭, 그가 이번에는 남북의 단독정부 수립을 저지하려고 북으로 향한 것이다.

김응섭은 여기에서 UN위원단의 철퇴와 단독정부 수립반대, 양군 철퇴를 주장하였다. 이 때 김응섭은 일흔에 가까운 고령이었다. 통일정부 수립을 주장하고 돌아온 김응섭은 철원에 머물렀다. 그러나 안타까운 소식이 들려왔다. 1948년 결국 단독정부가 수립된 것이다. 이를 본 칠순 노인의 깊은 회한은 아마도 산을 덮고도 남음이 있었으리라. 그리고 더더욱 안타까운 소식은 6·25전쟁이 터진 것이었다. 1950년 12월 그는 고향 오미마을로 내려와 칩거하다가 1957년 봄 79세 나이로 눈을 감았다.

김응섭이 6·25전쟁 이후 고향마을에서 노년을 보내던 집

일왕을 공격 대상으로 삼은 첫 인물 김지섭

출생과 성장

김지섭(金祉燮, 1884~1928)은 1884년 오미동에서 김병규(金秉奎)의 장남으로 태어났으며, 백부(伯父)인 김병두(金秉斗)의 양자가 되었다. 그의 호는 추강(秋岡)이다. 그는 족숙인 운재(雲齋) 김병황(金秉璜)에게 한학을 배웠다. 김병황은 김지섭 일생에 가장 큰 영향을 끼친 동전 김응섭의 부친이었다.

1907년 3월 김지섭은 보통학교 교원 시험을 치러 합격했다. 두 달 뒤 상주보통학교 교원으로 부임했지만, 그 생활은 오래가지 않았다. 1년 반 뒤인 1908년 11월 교사 생활을 청산하고 상경하여 재판소 취직을 준비하였다. 여기에는 집안 형

금산재판소 시절 부인과 김지섭. 세련된 그의 차림새와 단아한 부인의 모습이 눈길을 끈다.

인 김응섭의 영향이 절대적이었다. 서울로 간 그는 사립 광화신숙(廣化新塾) 일어전문강습소에 들어가 일본어를 익힌 뒤, 재판소 번역관(飜譯官) 시험에 합격하였다. 바로 뒤인 1909년 3월 전주구(全州區) 재판소 번역관보를 거친 그는 같은 해 10월부터 금산구(錦山區) 재판소 번역관보 겸 서기로 근무하게 되었다. 만 25세 청년이던 시절 이야기다.

그러나 이 생활도 잠시, 그에게 충격이 연거푸 닥쳤다. 하나는 1909년 11월 법부가 폐지되고 통감부에 사법청이 개설

김지섭 가계도

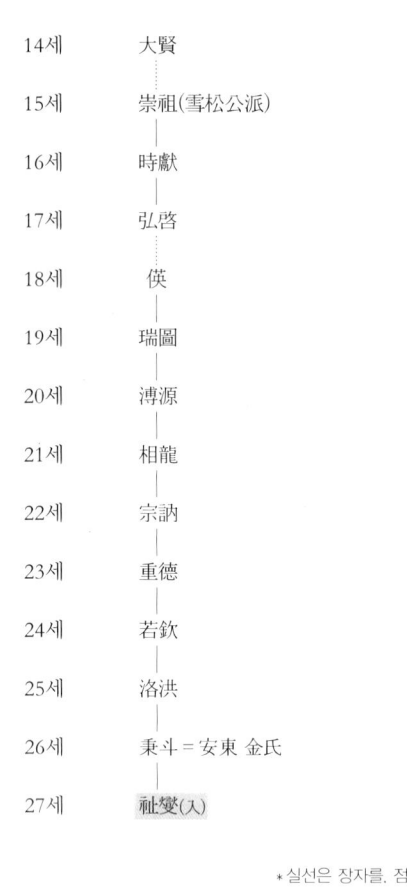

14세	大賢
15세	崇祖(雪松公派)
16세	時獻
17세	弘啓
18세	侁
19세	瑞圖
20세	溥源
21세	相龍
22세	宗訥
23세	重德
24세	若欽
25세	洛洪
26세	秉斗 = 安東 金氏
27세	祉燮(入)

* 실선은 장자를, 점선은 장자가 아님을 뜻함.
* (入)은 양자를 뜻함.

된 것이다. '기유각서(己酉覺書)'라고 불리는 이 조치는 대한제국의 사법권을 일제가 강탈한 사건이었다. 이제 그는 대한제국 법부 소속 재판소의 번역관 겸 서기가 아니라, 일제가 움직이는 통감부 재판소의 통역생 겸 서기가 된 것이다.

그런데 이보다 더 큰 충격이 그를 기다리고 있었다. 1910년 나라를 잃은 것이 그 하나요, 홍범식(洪範植)이 자결한 사건이 또 다른 하나이다. 충북 괴산군 인산리 명문가의 후손으로 태어난 홍범식은 김지섭이 금산의 재판소에 근무하던 무렵이던 1909년부터 금산군수를 맡고 있었다. 그런데 1910년 8월 29일 나라가 무너지자, 이 날 저녁 홍범식은 객사 뒤뜰 소나무 가지에 목을 매어 자결하였다. 그런데 자결하기 바로 앞서 홍범식이 김지섭에게 상자를 하나 주었는데, 그 안에는 가족에게 남긴 유서와 편지가 들어 있었다.

그 편지는 "나라가 망했구나. 나는 죽음으로써 충성을 다하련다. 그대도 빨리 관직을 떠나 다른 일에 종사하라"는 내용을 담고 있었다. 홍범식이 만난 마지막 사람이자, 가족들에게 유서를 전달하는 역할을 맡은 사람이 바로 김지섭이었다. 그러므로 홍범식의 자결은 그에게 큰 충격이 아닐 수 없었다.

그가 재판소 생활을 떨쳐버리고 나오게 된 결정적인 계기는 김응섭의 발걸음과 관계있는 것 같다. 우상처럼 여기던 김응섭이 1911년 2월 15일 평양지방법원 검사로 임명되었지만 두 달 만에 사직하고, 평양에서 홍진과 함께 변호사 사무소를 연 일은 그에게 재판소 생활을 청산하는 결정적인 계기가 되었을 것이다. 1913년 1월 8일 마침내 그는 공주지방법원 영동지청의 통역생 겸 서기를 사직하였다.

고향에 돌아와 잠시 머물던 그는 가까운 상주로 자리를 옮겼다. 1915년 4월 김응섭이 변호사 사무소를 대구로 옮기고 상주에 출장소를 내자, 그는 여기에서 서기를 맡았다. 그러자 그가 독립운동에 발을 딛을 계기가 점차 다가왔다. 김응섭의 움직임이 바로 그러했기 때문이다.

김응섭이 대구에 변호사 사무소를 열기 직전이던 1915년 정월 보름날, 대구 앞산 안일암에서 조선국권회복단이 비밀리에 결성되었다. 아마도 여기에 참가한 김응섭의 움직임은 김지섭에게 고스란히 전해졌을 것이다. 상주 출장소를 지키면서 매일 대구 사무소와 업무를 논의하던 그로서는 맥박 하나라도 놓치기 힘들 만큼 세밀하게 그곳의 느낌을 전해 받았을 것이기 때문이다. 더구나 김지섭은 '어려서부터 마음에 하고자 하는 일은 어떠한 일이라도 반드시 하고야 마는 사람'인데다가, 식민지 현실을 도무지 받아들일 수 없는 인물이었다. 그가 중국으로 망명하여 독립운동에 몸을 던진 이유도 거기에 있었다.

중국 망명과 의열단 활동

 김지섭은 중국으로 갔다. 정확한 때를 알 수 없지만, 김응섭이 4월 초순에 파리장서를 가지고 상해로 간 사실로 보아, 그도 그 무렵에 망명한 것으로 짐작된다. 김창숙이 파리장서를 갖고 상해로 간 뒤, 별도로 조선국권회복단원이던 김응섭이 영문번역본을 덧붙여 남형우와 더불어 상해로 가서, 김창숙과 합류한 사실이 일제 경찰의 자료에 나온다. 이로 보아 김지섭이 상해로 망명한 시기는 그 뒤라고 짐작된다. 하지만 그 뒤로 김지섭의 발길은 김응섭과 달랐다.

 김지섭은 상해에만 머물지 않고 만주와 상해를 오가며 자신의 길을 찾았다. 김응섭이라는 후원자의 보호막을 완전히 벗어나 스스로 새로운 길을 찾아 나섰던 셈이다. 그 가운데 그가 1922년 상해에서 의열단에 가입한 것은 무엇보다 중요한 발걸음이었다. 이 무렵 그에게 가장 가까운 인물은 같은 안동 출신인 김시현(金始顯)과 이웃 고을 청송 출신인 윤자영(尹滋英)이었다.

 우선 김시현과는 사형지간이었다. 김지섭의 여동생이 김시현 동생의 아내였고, 김시현 고향인 현애(玄涯)마을은 오미마을

의열투쟁으로 이름을 떨친 김시현

과 아주 가까웠다. 또 이들은 서울에서 교남교육회 활동을 함께 하던 사이이기도 하다.

　청송 출신인 윤자영은 1920년대 전반기에 상해지역에서 청년운동계의 대표적 인물이었다. 이미 3·1운동 당시 경성전수학교(서울법대 전신)의 학생 대표로서 이름을 드날린 그는 1년 동안 옥고를 치른 뒤 상해로 망명하고, 상해청년동맹회를 결성하여 지도자로 활약하였다. 뒷날 김지섭이 일본으로 잠입할 때 결정적인 도움을 준 이가 바로 윤자영이었다.

　세 사람은 모두 상해파 고려공산당원이자, 의열단원이기도 하였다. 이들의 관계는 김지섭이 뒷날 도쿄 거사를 감행하고 옥고를 치르면서도 두 사람의 안부를 궁금하게 여긴 사실에서 확인된다. 김지섭은 예심종결이 결정된 바로 뒤인 1924년 4월 27일에 "김시현의 소식을 못 들어 매우 궁금하다"고 물었고, 같은 해 11월 6일 도쿄지방법원에서 무기징역을 언도받은 뒤에는 "상해 윤자영을 궁금히 여겼다"고 말하였다.

　김지섭이 의열단에 가입한 때는 1922년 여름으로 알려진다. 의열단은 1919년 11월 길림시에서 결성되고, 1920년 북경을 거쳐 상해로 이동한 의열투쟁 단체였다. 밀양 출신 김원봉 의백(단장)과 윤세주를 비롯하여 밀양 출신이 다수를 이루고, 이종암과 같은 경북 인사들도 여러 참가한 단체로서, 1920년대 전반에 가장 화려한 의열투쟁 전적을 자랑한다.

의열단은 처단과 파괴 대상을 정하였다. 처단 대상은 ①조선총독 이하 고관 ②군부 수뇌 ③대만 총독 ④매국적(賣國賊) ⑤친일파 거두 ⑥적탐(敵探 : 적의 밀정) ⑦반민족적 토호(土豪)·열신(劣紳 : 친일 관리와 지주) 등으로 '7가살(七可殺)'이다. 또 파괴 대상은 ①조선총독부 ②동양척식주식회사 ③매일신보사 ④각 경찰서 ⑤기타 왜적의 중요 기관 등이었다. 일반 대중이나 막연한 대상이 아니라 침략의 책임자, 매국노와 식민통치와 수탈기관을 공격 대상으로 삼았다.

타격 대상을 확정한 의열단은 곧 본부를 북경으로 옮긴 뒤 대대적인 처단·파괴활동을 벌이기 시작했다. 김지섭이 의열단에 가입한 때가 바로 이 무렵이다. 그 때 의열단은 두 갈래로 공작을 진행하였다. 하나는 김한(金翰)을 중심으로 하는 것이었고, 다른 하나는 김시현·유석현(劉錫鉉)을 중심으로 하는 계획이었다. 이 가운데 김시현과 유석현을 중심으로 펼쳐가던 공작에 김지섭도 참여하였다.

1922년 7월 김지섭은 김시현·유석현과 함께 서울에 몰래

들어가 공작을 준비하였다. 이들이 세운 계획은 폭탄을 들여와서 조선총독부를 비롯한 주요 침략통치기관을 부수고 주요 인물을 처단하는 것이었다. 김지섭은 안으로 국내의 김시현·황옥·이현준·유석현 등과 논의하고, 밖으로는 상해의 김원봉·장건상 등과 연락하였다. 반 년 정도 계획이 구체화되는 과정을 거쳐, 이듬해 1·2월에 이들은 천진에 모이고, 프랑스 조계 중국 여관에 머물던 김원봉·김현준과 만나 폭탄수송의 절차를 협의하였다. 그리고 3월 초순 김시현·황옥 등은 김원봉이 준비한 대형 폭탄 6개, 소형 폭탄 30개를 받아 이 가운데 대형 폭탄 3개, 소형 폭탄 20개를 서울로 들여오는데 성공하였다. 그러나 그 폭탄은 미처 사용하지도 못한 채 일제 경찰에 발각되어, 그해 3월 15일 김시현·유석현 등 주동자들이 일제히 붙들리는 바람에 실패하고 말았다. 이것은 한국독립운동사에서 국내로 가장 많은 무기를 들여왔다는 기록을 남겼다.

이 무렵 김지섭은 동시에 군자금 모금에도 나섰다. 앞의 무기 반입은 주로 김시현이 앞장섰다면, 군자금 모집은 김지섭이 주도한 것으로 보인다. 그는 1922년 10월 23일 유석현·윤병구(尹炳球)와 함께 서울 무교동에 있던 조선총독부 판사 백윤화(白允和)의 집에 가서, 그와 그의 형 백운영(白運永)에게 독립운동 자금을 제공하라고 요구했다. 군자금 제공을 약속 받았지만, 이틀 뒤 약속했던 자금을 받으러 갔던 윤병구는 현장에서 일경에 붙들리고 말았다. 긴박한 상황을 헤치고 김지섭은 상해로 탈출하는 데 성공했다.

니주바시(二重橋) 폭탄 투척 의거

김지섭은 다시 투쟁 방향을 고민하기 시작했다. 1923년 9월 1일 도쿄 일대를 아수라장으로 만든 대지진, '관동대진재'가 일어났다. 대지진의 잔해 속에 폭동이 일어날 것을 염려한 일제는 '조선인들이 폭동을 일으킬 것'이라는 소문을 퍼뜨려 일본인들의 관심을 다른 곳으로 돌렸다. 그리고 '조선인을 보호한다'는 이름으로 학교 같은 곳으로 모이게 만들고서는 죽창으로 찔러 죽이는 만행을 저질렀다. 드러난 통계만으로 6천 명이 넘는 한국인이 희생당했다.

이 소식을 알게 된 의열단은 일제를 응징하여 원한을 조금이나마 씻어야 한다고 의견을 모았다. 1923년 10월부터 12월 초순까지 상해 프랑스 조계 영길리 50호, 김지섭은 이 집에서 윤자영과 여러 차례 만났다. 그래서 결정한 공격 목표가 일본 제국의회였다. 제국의회에 폭탄을 던져 요인을 처단하고, 조국의 독립운동을 촉진하는 데 목표를 두었다. 그리고 파견할

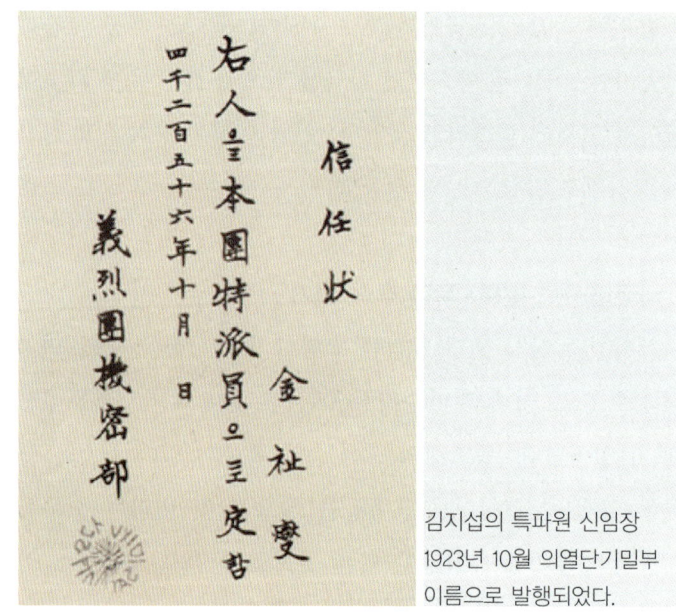

김지섭의 특파원 신임장
1923년 10월 의열단기밀부 이름으로 발행되었다.

인물을 정하는 순서가 되었다. 강력하게 자원하고 나선 인물이 바로 김지섭이고, 단장 김원봉도 이를 찬성하였다.

그가 제국의회 공격에 한사코 나선 데는 두 가지 요인이 있었다. 하나는 1922년 국내에서 벌인 공작이 실패하고 동료들이 체포된 것을 만회하고 싶은 것이고, 또 하나는 동경대지진 당시 학살된 동포들의 영혼을 위로하고 그 원수를 갚기 위한 것이었다. 그런데 실제 공격 대상은 제국의회가 아니라 일본 왕궁이 되었다. 그가 도쿄에 도착해보니 제국의회가 휴회 중이라, 공격 목표를 일본 왕궁으로 바꾸었던 것이다.

김지섭이 폭탄을 가지고 일본으로 가는 배를 탈 수 있었던 데는 윤자영의 역할이 결정적이었다. 일단 의열단 기밀부가 김지섭에게 대추 모양의 작은 폭탄 3개를 주었다. 이를 외투 속에 숨긴 그는 1923년 12월 20일 밤 삼정물산 소속의 천성환이라는 화물선을 타고 상해를 떠났다. 바로 이를 윤자영이 도운 것이다.

1924년 1월 6일 거사가 있은 뒤, 김지섭이 탔던 일본배가 알려졌다. 그 배를 알선해 준 일본인 사회주의자 히데지마 히로지(秀島廣二)가 경찰에 붙들리는 바람에 윤자영과의 관계가 드러났다. 히데지마 히로지는 윤자영이 모스크바에서 열린 극동민족대회에 참석하고 치타에 머물던 1922년에 만난 적이 있고, 신문 발행 문제를 논의한 일도 있는 인물이다. 그래서 1923년 12월 16일 윤자영이 김지섭을 그에게 소개해 주었고, 그 덕분에 일본 화물선을 탈 수 있었던 것이다.

김지섭은 일본으로 가는 화물선 배 밑바닥 창고에서 깊은 상념에 잠겼다. 하루 두 번 주먹밥으로 끼니를 이어가면서도 뜻은 조금도 흔들리지 않았다. 마지막 길임을 깊게 헤아렸다. 어두운 배 밑바닥 창고에서 그는 결코 고향으로 돌아가지 않으리라 읊조렸다.

김지섭이 일본으로 가는
석탄 운반선 창고에서
결의를 다지며 쓴 시
〈상해에서 일본으로 가며〉

만리창파에 한 몸 맡겨 원수의 배 속에 앉았으니 뉘라 친할꼬.
기구한 세상 분분한 물정 촉도보다 험하고 진나라보다 무섭구나.
종적 감추어 바다에 뜬 나그네 그 아니 와신상담하던 이 아니던가.
평생 뜻한 바 갈 길 정하였으니 고향을 향하는 길 다시 묻지 않으리.
— 1923년 12월 상해에서 도쿄로 가던 천성환 배 밑 창고에서

김지섭을 실은 배는 평양을 들렀다가 열흘 뒤인 12월 30일, 일본 후쿠오카(福岡)에 도착하였다. 그날 밤 배가 야와타(八

幡) 제철소에 도착하자, 그는 뭍에 내렸다. 야와타 시(八幡市)의 한 여관에 들어간 그는 1924년 1월 3일까지 그곳에 머물렀다. 자금이 떨어지는 바람에 밥값은 회중시계와 담요까지 전당포에 잡혀 해결하였다. 1월 4일 밤, 그는 도쿄로 향하고, 5일 아침에는 도쿄 시나가와 역(品川驛)에 이르렀다. 도쿄로 움직이다가 마침 제국의회가 휴회라는 사실을 알았다. 그는 당황스러웠을 것이다. 하지만 그는 곧 공격 대상을 일본 왕궁으로 바꾸었다. 기왕이면 큰 바람을 일으키고 싶었던 것 같다. 하룻밤을 지낸 뒤 의거를 눈앞에 두고 그는 이발소에 들러 머리새를 단정하게 가다듬었다. 아마 현장에 접근하기 좋게 깔끔한 모습으로 다듬은 것 같기도 하고, 이 세상 마무리를 단정하게 끝내겠다는 의지가 담긴 자세 같기도 하다.

1월 6일 오후 7시 20분쯤, 그는 양복 주머니에 폭탄 3개를 감추고 니주바시(二重橋) 부근에 다다랐다. 이 다리는 바로 일본 왕궁으로 들어가는 입구이다. 마침 그 부근을 지키던 히비야(日比谷) 경찰서의 오카모토 시게루에이(岡本繁英) 순사가 검문하자, 김지섭은 순사를 향해 폭탄 한 개를 던졌다. 그리고 니주바시 방면으로 달려가 다리를 건너려고 하였다. 그러자 다리를 경계하고 있던 근위 보병 두 사람이 총검을 겨누며 다가왔고, 이에 그는 다시 이들을 향해 두 개 폭탄을 마저 던졌다. 그런데 그가 던진 폭탄 두 발이 니주바시 중앙에 떨어졌지만, 아쉽게도 터지지 않았다. 그는 그 자리에서 바로 붙들렸다.

세 차례 던진 폭탄은 정확했지만 모두 터지지 않았다. 첫 번째 폭탄은 습기가 차서 도화선이 타들어가지 않았고, 나머지 두 발은 양손에 하나씩 들고 있다가 미처 안전핀을 완전히 뽑지 못하고 던졌기 때문이다. 그렇지만 이 거사는 일본 '천황'을 겨냥한 것이어서 그 충격은 대단하였다.

거사 다음날, 일본 내무성 공표를 인용하여 이를 보도한 국내 신문의 기사 내용은 다음과 같다.

김지섭이 폭탄을 던진 일본왕궁 입구에 있는 다리, 니주바시(二重橋)

그저께 5일 오후 7시에 조선 사람 한 명이 동경 궁성 니주바시 밖에서 배회하던 중 경관이 누구냐 함에 폭탄 같은 것을 던지었으나 터지지 않고, 현장에서 경관과 보초병이 범인을 체포하여 즉시 히비야(日比谷) 경찰서에 구금하고 취조 중인데, 연루자는 없는 모양이요 범인의 목적은 다만 소요케 하자는 뜻에 불과한 듯하며 범인은 모처로부터 직행한 자로 인정되더라.(6일 오후 3시 50분착 내무성 공표)

보도 내용은 이것뿐이었다. 일본 왕궁을 향해 폭탄을 던진 의거치고는 너무나 간단하다. 충격을 크게 받은 나머지, 일본은 철저하게 보도를 통제하였다. 그러다가 석 달 보름이나 더 지난 4월 24일 예심종결 결정이 내려지자 보도금지가 해제되어 널리 알려지게 되었다.

결과를 확실하게 알지 못해 숨죽이고 기다리던 상해에서도 《독립신문》을 통해 거사 소식을 널리 알렸다. "적 궁성에 의열 폭탄", "신년 새해 첫소리 딸각이들(일본인들-필자주) 가슴 놀래"라는 제목 아래, 도쿄 거사를 보도한 것이다. 비록 목표를 완전히 달성하지는 못했지만, 의거는 일본 왕실과 일본 정부의 권위를 추락시킨 통쾌한 거사였다. 더욱이 1923년 국민대표회의 결렬로 독립운동계가 맥 빠진 상태였는데, 그러한 분위기를 깨끗하게 씻어주는 소식임에 틀림없었다.

일본에서도 난리가 났다. '천황을 욕보인 대역(大逆)'이라고 난리를 떨던 '박열(朴烈) 사건'이 아직 해결되지 않은 데다가, 1923년 12월 27일 아나키스트 난바 다이스케(難波大助)가 섭정을 맡고 있던 차기 '천황' 히로히도(裕仁)를 도라노몬에서 저격한 도라노몬 사건 바로 뒤였다. 더구나 거사 장소가 왕궁이니, 일본 정부는 기가 막힐 수밖에 없었다.

법정투쟁과 순국

체포된 뒤 벌인 그의 법정투쟁은 거사를 더욱 값지게 만들었다. '무죄 방면 아니면, 사형을 언도하라'는 것이 그의 요구였다. 그는 자신이 한 일이 일제의 법에 비추어 대역죄에 해당한다는 것을 알고 있었다. 일본인 야마자키 게사야(山崎今朝彌) 변호사가 1924년 4월 27일 변호사 선임 문제로 추강의 감방을 방문하였을 때, "나는 결심과 각오가 있어서 한 일이니까 지금 와서도 아무 할 말이 없다. 변호사의 변호도 나는 받지 않을 예정이다"라고 밝힌 것도 여기에서 말미암은 것이다.

재판이 이루어지는 과정에서 그는 혹독한 고문을 견뎌냈다. 당시 국내 신문에는 그가 허리와 옆구리, 가슴이 몹시 아파 잘 움직이지도 못할 뿐더러, 20~30분 동안 바로 앉거나

서지도 못한다고 보도할 정도였다.

공판 과정에서 그는 자신의 뜻을 또렷하고도 당당하게 밝혔다. 그는 자신의 직업이 '독립당원'이라고 말했다. 그러면서 한국이 왜 독립해야 하는지 그 이유를 분명하게 주장하였다. 검사가 '사형'을 구형할 때도 그는 한 치 흐트러짐도 없었다.

그의 옥중 투쟁은 형무소장의 사과를 받아낼 정도였다. 그는 이미 재판소 통역과 서기를 맡기도 했고 변호사 사무소에 근무했으므로 법을 잘 알고 있었다. 그 경험을 살려 법 집행의 불법성을 옥중에서 단식투쟁으로 세상에 알리려 들었다. 그는 "금년(1925) 1월 5일로 (미결)구류 기간이 끝났는데, 모른 체 불법으로 감금하고 있다고 분개하여 유서 1통을 써놓고 지난 1월 5일 아침부터 돌연히 단식을 결심하고 만 나흘째가 되는 지난 8일까지 계속" 투쟁하였다. 단식투쟁은 몸이 쇠약해져 감옥 병동에 입원해서도 이어졌다. 1월 13일 밤 이치가야(市谷) 형무소장이 잘못을 사과하자 단식투쟁을 끝냈다.

그의 법정투쟁에서 가장 멋있었던 장면은 변호사들이 재판부 기피신청을 내자, 그가 오히려 이를 거부한 일이다. 그를 변호하던 김완섭(金完燮)·후세 다츠지(布施辰治)·야마자키 게사야 등 세 변호사가 재판장이 불공정하다는 이유로 분개하고 퇴정한 뒤, 재판장 기피신청을 제출했는데, 김지섭은 이

김지섭의 재판 당시 모습(오른쪽)

를 거부하고 재판장을 그대로 두도록 요구한 것이다. 이해하기 힘든 일일 수도 있지만, 그는 다음과 같이 말했다.

> 나는 조선 사람이니, 일본 사람인 재판장에 어떠한 사람이 되든지 똑같을 것이다. 기피신청을 할 필요가 없을 뿐만 아니라, 나는 아무 죄가 없으니 무죄를 선언하든지, 아니면 제1심의 검사 청구대로 사형에 처하든지 해라.

그는 더 이상 재판이 필요 없다고 판단하였다. 일본 법원의 권위나 존재를 부정해버린 것이다. 그러니 공판도 아무런 의미가 없게 되었다. 그가 1925년 8월 12일 공소심에서도 무기징역을 언도받자, 다음 재판을 스스로 거부한 이유도 거기에 있다. 공소심 판결 직후 변호사가 의논도 없이 상고하자, 그는 8월 18일 이를 취소해 버렸다. 그리고서 옥중에서 '절대적 자유'를 누리며 지냈다. 도쿄 이치가야 형무소로부터 지바(千葉) 형무소로 옮겨지고, 1928년 2월 20일 갑자기 이곳에서 순국하였다. 지바 형무소로 이감된 지 2년 반 만의 일이고, 투옥된 지 4년이 지난 시점이었다.

김지섭의 죽음은 의문투성이다. 슬픈 소식은 급하게 대구에 있던 동생 김희섭(金禧燮)에게 알려졌는데, 사망 원인을 알 수 없었다. 그러자 동생은 김구현과 더불어 일본인 후세 변호사의 도움을 받아 부검을 요구하였다. 이에 따라 2월 23일 촉탁의사 마지마(間島)의 입회 아래 지바 의과대학 병원에서 시신을 해부하였다. 그런데 입회 의사조차 "뇌일혈은 분명한데, 기관지 출혈의 장소와 그 모양이 일반 통례와는 다를 뿐 아니라 거의 보지 못한 현상이다. 별나게 수상한 점이 보인다는 것은 아니지만 그렇게 출혈된 원인은 앞으로 연구하지 않으면 밝힐 수 없다"라고 애매모호하게 결론을 내리고 말았다. 결국 그는 많은 의문을 남긴 채 떠났고, 아직도 풀지 못

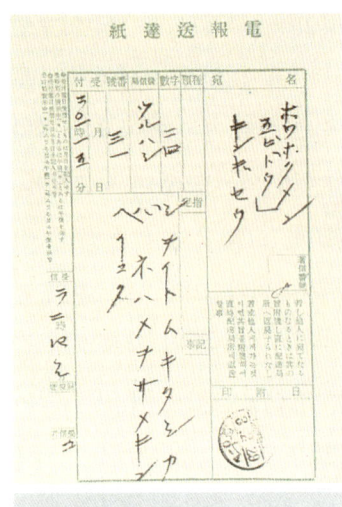 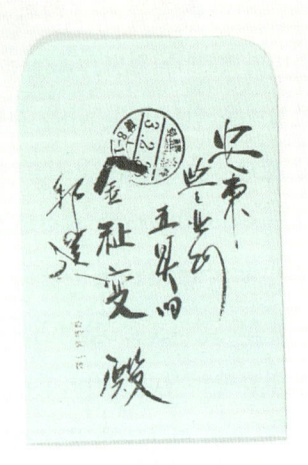

김지섭의 사망 사실을 고향에 알려온 전보

한 숙제로 남아 있다.

 김지섭, 그는 한국 독립운동사에서 일본왕을 처단 대상으로 삼은 첫 인물이다. 일본으로서는 '인간신'이 '식민지인 조센징'으로부터 공격받는 대상이 되었다는 사실에 충격을 받기 충분했다. 이러한 그의 투쟁은 8년 뒤 이봉창 의거로 거듭되는 뿌리가 되었다. 또 원통하게 세상을 떠난 도쿄대지진 당시의 희생자들을 위로하는 투쟁이자, 식민지 해방투쟁사에서 빛나는 의열투쟁이기도 했다.

안동시내 영호루
앞에 세워진
김지섭 기념비

제1차 조선공산당 초대책임비서 김재봉

출생과 성장

앞에서 말했듯이 오미마을을 들어서면 오래된 기와집이 10여 채 보이는데, 그 가운데 중심부에 영감댁이 있고, 그 동쪽에 참봉댁이 있다. 김재봉이 태어난 집은 바로 참봉댁이다. 김재봉의 5대조 김중휴(金重休)가 참봉을 지냈으므로 그렇게 불린다. 집의 규모는 상당히 크다. 대문을 들어서기도 전에 문 입구에는 아랫사람들이 살던 집터가 있고, 대문을 들어서면 본채까지 넓은 땅이 이어지며, 동쪽으로는 별채 사랑이 있다. 본채는 口자 형태로 지어졌고, 사랑채와 안채로 구성되어 있다. 사랑채와 안채는 시선을 완전하게 차단하여 '내외법'

김재봉이 태어난 참봉댁. 솟을대문 안쪽에 사랑채와 안채가 있고, 오른쪽에 바깥사랑채가 있다.

을 지켰다.

　김재봉은 1891년 5월 19일 오미마을에서도 세가 좋은 참봉댁에서 김문섭(金文燮)의 다섯 아들 가운데 장남으로 태어났다. 그는 자를 주서(周瑞)라 하고, 호는 무궁화 강토라는 뜻으로 근전(槿田)이라 붙였다. 언제부터 근전이란 호를 사용했는지 알 수는 없지만, 그가 서대문형무소에서 출옥한 직후 모친이 사망했을 때, 동지들이 그에게 보낸 조문에 '근전(槿田)'이라 부른 것이 가장 오래된 기록이다. 따라서 '근전'이라는 호는 늦어도 조선공산당 활동 시기에는 사용된 것으로 짐작된다.

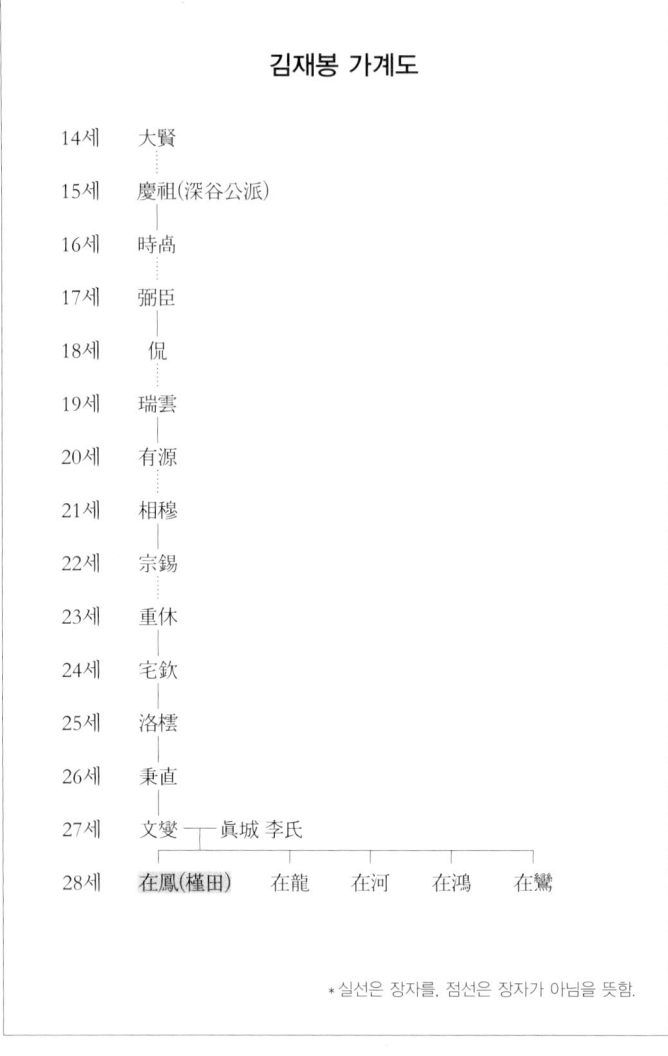

김재봉 생가는 오미마을에서도 큰 편이다. 김재봉의 부친 김문섭은 가진 토지가 많았다. 오미마을 안에 있는 토지만 3만 평에 가까웠다. 이 수치는 오미마을 토지에만 한정된 것으로, 주변 지역이나 가까운 예천 등에도 많은 토지를 소유했을 것은 의심할 필요가 없다. 결국 김재봉은 상대적으로 넉넉한 경제 환경에서 태어나 성장했다고 말할 수 있다.

김재봉은 일곱 살에 삼종조부 운재(雲齋) 김병황(金秉璜)에게 한학을 배우고, 족숙인 김이섭과 김응섭 형제로부터 가학(家學)을 전수받아 익혔다. 그가 이어받은 가학은 물론 전통학문이었다. 실제로 어느 정도까지 익혔는지 알 수 없지만, 그가 남긴 한문 서신이나 한시들은 그의 학습 수준이 매우 높았음을 말해준다.

1907년 무렵, 즉 18세가 되던 나이에 그는 결혼하였다. 정경세의 후손인 정연묵(鄭演默)의 맏딸 정재황(鄭在凰)이 그 배필이었다. 그는 연(鍊)·단(鍛) 두 아들과 외딸 계(季)를 두었는데, 맏아들 연이 태어난 때가 1910년이었다. 이 때는 김재봉이 전통학문을 매듭지으면서 신학문 수학으로 방향을 전환하던 시기이다.

고향에서 전통학문을 배운 그가 신식 학문을 접하게 된 때는 아마도 결혼하던 무렵이라 판단된다. 광명학교에서 소학교 과정을 마친 그는 서울 사립중동학교에 입학하였다. 다만 그가 대구 계성학교를 다녔다는 말이 뒷날까지 전해진 점을 고려한다면, 서울로 가기 전 짧은 기간이라도 계성학교를 다닌 것으로 짐작된다.

이어서 그는 1912년 3월 20일 경성공업전습소에 입학하였다. 공업전습소는 경기도를 비롯하여 각 도마다 설치되기는 했지만, 그가 졸업한 곳은 서울 이화동에 자리 잡은 경성공업전습소로, 지방의 것과는 달리 조선총독부 직할로 운영되었다. 이것은 뒷날 경성공업학교·경성공업전문학교·경성제국대학 공대를 거쳐 서울대학교 공대로 이어지게 된다.

경성공업전습소를 마친 김재봉은 곧 귀향하였다. 이후 그의 활동이 드러나는 것은 1917년 고향마을에 신교육 기관을 만드는 일이었다. 그가 김주섭(金冑燮)과 더불어 만든 오릉학술강습회가 그것이다. 김재봉은 여기에서 서울에서 배운 신지식을 마을 청소년들에게 전수하는 데 노력하였을 것이다.

임시정부를 지원하다

오릉학술강습회에서 마을 청소년을 가르치던 김재봉이 독립운동에 발을 디딘 시점은 임시정부 지원활동에 참가한 1919년 가을이다. 그는 만세시위가 전국으로 열기를 뿜고 있던 4월에 안동을 떠났다. 그리고 9월 초순 서울에서 안동 출신이자 가깝게 지내던 안상길(安相吉)과 이준태(李準泰)를 만나 중요한 문제를 논의하였다. 이준태는 이웃마을 우렁골 출신이자 경성공업전습소를 함께 다닌 사이였다. 당시 안상길은 중국 상해로 가서 임시정부를 방문하고 비밀리에 귀국하던 참이었다. 안상길은 상해에서 안창호를 비롯한 요인들을 만나고 임시정부 교통부 산하의 '경북 교통부장'이라는 직책을 맡아 귀국하였다. 그리고 서울에 들어서자마자 청진동 진일여관(進一旅館)에서 김재봉을 만난 것이다.

김재봉과 이준태는 안상길로부터 임시정부 이야기를 들었다. 안상길이 맨손이 아니라 경북 교통부장이라는 직책을 맡아온 일은 고무적이었다. 안상길은 왕성한 기운이 넘치던 임시정부의 모습과 그를 구성하던 인물들에 대해 이야기했을 것이고, 특히 지니고 온 《독립신문》이나 임시정부 헌장 등의 문서는 김재봉과 이준태를 흥분시키기에 충분했을 것이다. 그러므로 애국금(愛國金) 모금에 선뜻 나서게 되었고, 그 결과가 고향 안동과 대구를 중심으로 거점을 마련하고 자금을 모은다는 전략 수립으로 나타났다. 안상길이 대구에서 미곡상점을 열게 된 이유가 바로 거기에 있었다. 그리고 안동에도 거점이 필요했고, 그 구실을 맡은 비밀 아지트가 금남여관(錦

南旅館)이었다. 또 김재봉은 만주에도 거점을 마련하였다. 바로 《만주일보》 경성지사 기자로 활약하면서 만주를 오르내리며 요원을 포섭하였다. 이중화라는 인물이 1920년에 활발하게 군자금을 모아 몇 천만 원을 김재봉에게 전한 사실이 이를 증명한다. 약 1년 넘게 진행된 활동에서 얼마 정도 성과를 거두었는지 확실하지는 않지만, 이중화 한 명의 경우만으로도 김재봉의 포섭 능력을 헤아릴 만하다. 이와 같은 그의 임시정부 지원활동은 1921년 1월쯤 안상길의 체포로 말미암아 세상에 알려지게 되었다.

1920년 김재봉이 벌인 또 하나의 활동은 노동운동에 발을 내디딘 것이다. 1922년 1월 김재봉이 모스크바에서 극동민족대회에 참가하면서 자필로 작성한 조사표에는 그가 조선노동대회 대표로 회의에 참석한 것으로 기록되어 있다. 또 조선노동대회가 발행한 위임장도 남아있다. 조선노동대회는 1920년 2월 16일 서울에서 결성된 단체로, 조선노동공제회와 함께 3·1운동 직후 나라 안팎에서 노동운동을 이끈 대표적인 단체 가운데 하나였다. 비록 노동운동 단체라는 이름을 갖고 있었지만, 이 때는 아직은 상호부조(相互扶助)와 계몽운동의 성격이 강한 지식인 중심의 단체에 머물고 있었다. 곧 김재봉이 안상길을 축으로 한 임시정부 지원활동을 펼치면서 다른 한편으로는 이준태와 더불어 비록 계몽적인 차원이라고 하더라도 노동운동을 시작하던 때가 바로 1920년이라는 것이다.

김재봉이 임시정부 자금지원 활동으로 경찰에 검거된 때는 1920년 12월 말이었다. 안상길이 12월 27일에 체포되었으므로, 그도 이 무렵에 검거된 것으로 짐작된다. 그렇다면 활동 기간은 1년 4개월 정도로, 성과도 적지 않았을 것 같다. "천도교인(天道教人)과 야소교인간(耶蘇教人間)에 격문(檄文)을 배포(配布)하다가 거월(去月) 이십칠일(二十七日) 적수(敵手)에 피착(被捉)하엿더라"라는 《독립신문》의 보도에서, 이들이 격문을 배포하여 저항성을 일깨우고 임시정부 지원금을 확보하는 것을 활동 방향으로 잡았다는 사실을 확인할 수 있다. 그렇지만 일제 경찰이 낌새를 알아채고 금남여관을 수색하여 숨겨둔 문서를 찾아내는 바람에, 이들은 모두 체포되고 말았다. 일제 경찰은 이 거사를 '조선독립단사건(朝鮮獨立團事件)'이라 이름 지었다. 이로 말미암아 안상길은 1년, 김재봉이 6개월의 징역형을 치렀다. 이처럼 모두 잡힌 것 같지만, 앞서 나온 이중화 관련 내용은 일제에 노출되지 않았다. 이는 김재봉이 망명한 뒤에 드러나게 되었다.

모스크바 극동민족대회에 참가하다

옥고를 치르고 나오면서, 그는 국외로 망명길을 재촉하였다. 당시 나라 안팎에서 민족운동을 벌이던 인물들은 모두 두 곳의 국제회의에 시선을 집중하고 있었다. 하나는 워싱턴회의이고, 다른 하나는 소련에서 준비하고 있던 극동민족대회였다. 워싱턴회의는 1921년 11월부터 다음 해 2월 사이에 열렸다.

워싱턴회의가 준비되는 동안 소련에서도 이에 맞서는 극동민족대회가 기획되고 있었다. 그것이 바로 1921년 11월 11일 이르쿠츠크에서 '약소민족은 단결하라'는 표제를 내걸고 극동 여러 나라의 공산당과 민족혁명단체 대표자의 연석회의를 소집한다는 계획이었다. 그러한 움직임은 독립운동가들에게 그대로 전달되었고, 그들의 시선이 모스크바로 집중되는 것은 당연한 일이었다. 자본주의 열강이 눈길조차 주지 않은 것과 비교하면 너무나 반가운 일이 아닐 수 없었다. 이념의 차이는 크게 문제되지 않았다.

많은 인사들이 소련으로 떠남으로써 1921년 초겨울은 흥분할 만한 시기였다. 이들이 보기에 소련은 강대국이고, 우리 민족문제를 적극적으로 이해하고 원조한다는 그들의 정책 기조에 흥분하기 충분했다. 대회 소집을 주관한 기관은 코민테른 극동비서부였다. 한국인 대표자 선정은 극동비서부 고려부가 맡았다. 코민테른에서 선정한 한인 대표는 모두 56명이고, 이들은 대표 회의가 열릴 예정인 이르쿠츠크로 향하였다.

이런 시기에 김재봉이 출옥하였고, 그의 앞에 소련행이라는 기회가 던져졌다. 국내에는 4개 단체에서 13명의 대표가 선정되었다. 김재봉은 조선노동대회 대표로 참가하게 되었는데, 이웃 현애마을 출신 김시현도 같이 들어 있었다. 김재봉은 기차를 이용하여 11월 30일 만주리에 도착하였다. 대표들의 도착이 늦어지자, 코민테른은 회의 계획을 변경하였다. 회의 시작이 1922년 1월 말로 연기되고, 장소는 수도인 모스크바로 변경되었다. 소련의 수도를 방문한다는 것이나, 소련 최고지도자 레닌을 만날 것이라는 점도 그들을 흥분시키기에 충분한 '사건'이었다. 김재봉은 1922년 1월 7일, 다른 대표들과 함께 모스크바 역에 도착하였다. 참석자들은 모두 자신을 파견한 단체나 기관의 위임장을 제시하고, 학력과 투쟁 경력 및 참석 목적 등을 담은 조사표를 작성하여 코민테른 극동부 고려부에 제출하였다.

그는 조사표에 자신의 직업을 공업이라고 적었다. 이와 달리 이력서에는 방직공이라 기록했다. 위임장을 준 조선노동대회와 자신이 졸업한 경성공업전습소 염직과 경력을 묶어낸 모스크바에서 열린 극동민족대회에 참가하면서 김재봉이 써낸 조사표. '목적과 희망'이란 항목에 "조선독립을 목적하고 공산주의를 희망함"이라 썼다.

것이 곧 '방직공'이라는 직업이었다. 특히 눈에 띄는 부분은 '목적과 희망'이라는 난이다. 대회에 참가한 목적과 희망으로 이해되는데, 그는 "조선 독립을 목적하고, 공산주의를 희망함"이라고 적었다. 그가 무엇을 목표로 삼았는지 뚜렷하게 드러나는 대목이다. 그는 '조선 독립'을 최고 가치이자 목표로 삼았다. 그러면서 회의 개최국의 이념인 공산주의를 희망한다고 기재하였다. 당시까지 공산주의 이론이나 이념에 대하여 막연하게 이해하던 그였지만, 일단 소련으로 향하면서 공산주의에 대한 지향성이 좀 더 강해졌을 것이다.

마침내 1922년 1월 21일 모스크바 크레믈린 궁전에서 개회식이 열렸다. 소련이 아닌 극동지역 참가자들은 한국을 비롯하여 9개 국가나 민족이었다. 144명 참가자 가운데 한국 대표가 52명(뒤에 56명으로 증원)으로 가장 많고, 다음으로 중국이 42명, 일본이 16명이었다. 소련으로 향한 우리 독립운동가들의 기대와 열정이 드러나는 인원이다. 또 의장단에 중국·일본·몽골 등과 함께 2명씩 배정받았는데, 김규식과 여운형이 포함되었다.

회의는 2월 2일까지 13일 동안 진행되었으며, 숙소는 소비에트 제3관이었다. 이 회의에서 결의된 한국문제는 크게 세 가지로 정리된다. 첫째, 조선에서 계급의식이 아직 발달하지 못했으므로 계급운동이 시기상조이다. 둘째, 일반 대중이 민족운동에 동참하고 있으므로 계급운동자가 독립운동을 후원하고 지지해야 한다. 셋째, 상해에 있는 임시정부는 그 조직을 개혁해야 한다.

 회의는 2월 2일 대회선언을 채택하는 것으로 막을 내렸다. 시작은 모스크바에서 있었지만, 폐막은 페트로그라드 우리츠키 궁전에서 열렸다. 그 직후 대표들이 속속 소련을 출발하였고, 대개 3월 중순에는 본래 활동하던 곳으로 돌아왔다. 그런데 김재봉은 당장 귀국하지 않고 1년 정도 소련에 머물렀다.

이르쿠츠크파에 가담하여 꼬르뷰로의 맏아들이 되다

 회의가 끝나자 김재봉은 바로 모스크바를 떠나 코민테른 극동비서부가 있는 치타에 도착하였다. 그곳에서 벌인 일은 두 가지였다. 하나는 치타에 있는 한인학교에서 산술과 한문을 가르치는 일이었고, 다른 하나는 사회주의를 익히는 것이었다. 물론 국내에서 사회주의 사조를 접하고 익힌 일은 있었다. 그러나 이는 결코 본격적인 학습이 아니었다. 본 고장인 소련을 방문하고 더구나 모스크바에서 열린 극동민족대회에도 참가한 만큼, 그로서는 사회주의를 익혀야 한다는 필요성을 절실하게 느꼈을 것이다. 《마르크스 자본론》·《사회주의

학》·《레닌주의》·《진화》·《전위》 등이 그가 읽었다고 밝힌 책 이름이다.

또 한 가지 그가 심혈을 기울인 일은 두 파로 나뉜 고려공산당을 통일하는 일이었다. 고려공산당 이르쿠츠크파와 상해파의 갈등은 코민테른의 통합 요구와 압력이 있었음에도 쉽게 해결되지 않던 난제 가운데 난제였다. 바로 그 문제에 김재봉이 뛰어 들었다. 치타에서 사회주의 학습에 몰두하던 그는 1922년 10월 베르흐네우진스크로 이동하였다. 그곳에서 열릴 고려공산당 통합대회에 참석하기 위해서였다. 그러나 두 파의 통합을 도모하던 그 모임은 결국 견해 차이와 주도권 경쟁 때문에 분열만 확인하는 기회가 되고 말았다. 어느 한 쪽을 선택해야 하는 순간을 맞게 되자, 그는 치타에서 열린 이르쿠츠크파의 고려공산당 대회에 참가하고, 그 자리에서 중앙위원으로 뽑혔다.

1922년 12월에 조선공산당 중앙총국, 즉 꼬르뷰로가 블라디보스토크에서 조직되었다. 이것은 한인 사회주의자들이 세운 계획이 아니라, 코민테른이 국내 각 사회주의 그룹을 통합하여 조선공산당을 건립한다는 계획 아래 만들어진 조직이다. 코민테른이 제4회 대회에서 조선문제위원회 결정에 따라 꼬르뷰로를 만들고서, 바로 이어 국내 공작에 나섰다. 국내에 조선공산당 건설을 위한 기초 작업에 들어가려면 우선 국내 운동세력의 통합을 이끌어내야 했다. 그 임무를 띠고 국내로 파견된 인물이 바로 김재봉과 신철(辛鐵)이었다. 이들이 입국한 시기는 이듬해 봄, 곧 1923년 3월이었다.

김재봉이 블라디보스토크에 도착한 시기는 바로 꼬르뷰로가 조직되던 무렵이었다. 그곳에서 김재봉은 '해삼위청년회'를 이끌었다고 전해진다. 이는 그가 블라디보스토크에 도착하자마자 고려공산당의 지도를 받는 그 지역 청년회를 대표하는 위치에 섰다는 사실을 의미한다. 이 보도가 나온 1923년 4월까지 자리를 굳힐 만한 틈이 없었음에도 그가 연해주에서 가장 규모가 큰 해삼위 지역 청년회를 대표하게 되었다는 점은 놀랍기만 하다. 이르쿠츠크파의 중앙위원이라는 위치나, 꼬르뷰로에서 그에게 거는 기대감이 가져다준 결과가 아닌지 모른다. 이러한 기대감이 국내에 당 조직을 위한 요원으로 파견되는 디딤돌이 된 것으로 추정되기도 한다.

귀국하여 꼬르뷰로 내지부를 건설하다

김재봉은 국내를 떠난 지 1년 반 정도 지나 조용하게 서울로 들어왔다. '코민테른의 맏아들'이 되어 돌아오는 순간이었다. 또 국내 사회주의 세력의 통합 달성과 조선공산당 건설이라는 임무가 그에게 지워져 있었다.

　김재봉과 신철은 우선 꼬르뷰로 내지부(內地部) 건설에 나섰다. 김재봉은 주로 조선공산당 건설에 초점을 맞추어 나갔으며, 신철은 고려공산청년회 중앙총국과 관련된 일을 풀어 나갔다. 마침내 김재봉은 1923년 5월 꼬르뷰로 내지부를 결성하였다.

　김재봉은 내지부를 조직하고 8월 무렵부터 책임자로 활동하였다. 그런데 아무리 그가 '코민테른의 맏아들'로서 귀국했다고 하더라도 서울에 아무런 기반이 없는 상태에서는 조직의 기본 틀을 갖출 수 없었을 것이다. 바로 그 난관을 헤치고 바탕을 확보하는 데 핵심적인 구실을 한 인물이 바로 이준태였다. 김재봉이 러시아에 체류하던 사이에 서울에서 터를 잡고 무산자동맹회를 이끌면서 지도자로 자리를 굳힌 이준태는 귀국한 김재봉이 가진 임무와 역할을 이해하고 적극 도왔다. 이준태는 중립당의 지도자 김한(金翰)과 절친한 사이로, 1922년 1월 무산자동맹회에도 함께 참가하였다. 김재봉이 1923년 7월에 결성된 신사상연구회에 가입한 것도 이러한 차원에서 이해된다.

　이준태가 신사상연구회의 결성 주역 가운데 한 사람으로 움직였고, 김재봉도 거기에 참가하였다. 서울 낙원동 173번지, 신사상연구회는 파고다공원 동문 앞에 회관을 마련하였다. 이 단체는 이름 그대로 '신사상', 곧 '새로 수입되고 있던 코뮤니즘의 연구가 그 목적'이었다. 이들은 이 목적을 달성하고자 강습회와 토론회를 열며 도서와 잡지를 발간하자는 활동 방침을 정하였다.

김재봉은 1923년 8월에 내지부를 이끌면서 당 건설 기반을 다지는 작업에 나섰다. 이를 위해 전국 노동단체와 소작단체를 합하여 전선노동총동맹발기회(全鮮勞動總同盟發起會)를 결성하는 한편, 청년단체도 정리하여 전선청년총동맹(全鮮靑年總同盟)을 조직하기로 결정했다. 청년단체는 1924년 2월에 무산청년회와 토요회가 결합하여, 신흥청년동맹으로 발전하였다. 이는 내지부의 강력한 경쟁 세력인 서울콤그룹 휘하의 서울청년회에 대응하는 단체였다. 김재봉은 노농운동의 단체 통합에도 나섰다. 그 첫 결실이 1924년 3월 대구에서 141개 단체가 가맹하여 결성된 남선노농동맹이었다.

그런데 김재봉은 차츰 다급한 마음을 갖게 되었다. 세력을 하나로 통합하여 당을 건설하는 일이 쉽지 않고, 더구나 일제 경찰에 드러날 위험이 시시각각 다가왔기 때문이다. 조직 자체가 일제의 정보망에 잡히기 시작하였다. 그러자 양대 세력의 대표들은 당 건설의 근간이 될 '13인회'를 만들었다. 여기에는 내지부·북성회파·상해파·서울콤그룹 등의 대표자들이 모두 참가하였다. 김재봉은 당연히 내지부의 대표로서 그 자리에 참가하였다.

'13인회'의 정식 명칭은 '조선공산당창립준비위원회'였다. 즉 이것은 조선공산당의 창립을 목적으로 한 조직이었다. 13인회를 중심으로 당 창건을 위해 노력하던 1924년, 김재봉은 《조선일보》 기자로 활동하기도 했다. 당시 사회주의 활동의 주역들이 기자로 활동하고 있었는데, 《조선일보》에 김재봉·김단야·신백우, 《동아일보》에 이봉수·박헌영·임원근·조동호·허정숙 등이 활발한 움직임을 보이고 있었다. 김재봉은 부친에게 보낸 서신에서, 조선일보사 근무가 '호구지책'이라고 밝혔는데, 당시 그가 받은 월급은 60원이었다. 그는 1년 남짓 조선일보사에서 근무하다 1925년 8월에 그만두었다.

화요회와 조선공산당 창당

김재봉은 13인회가 결실을 거두지 못하자 주변 인물들을 하나로 묶는 새로운 단체, 즉 당 건설을 위한 구심체를 다시 결성하고 나섰다. 신사상연구회 차원이 아니라, 당 결성을 위한 실질적인 조직이 필요하였다. 결국 김재봉·이준태·김찬 등으로 구성된 그룹이 당 결성을 위한 마지막 수순을 밟은 셈이다. 그 결실이 바로 신사상연구회를 발전시켜 1924년 11월

19일에 결성한 '화요회'이다. 사실 세력 통합으로 당을 건설하려던 13인회의 주역들이 일제 경찰에 검거되고, 김재봉도 종로 경찰서에 잡혀 들어갔다가 나오는 과정을 거치게 되자, 그는 새로이 나아갈 방향을 가늠해 보았다. 무엇보다 13인회 결성을 위해 해산시킨 꼬르뷰로 내지부를 대신할 조직이 필요하였다. 그래서 신사상연구회를 투쟁단체로 급을 높여 화요회를 결성한 것이다.

화요회는 전국적인 기초 조직을 만들어 나갔다. 고향 안동에도 김남수가 나서서 1925년 1월 화성회를 조직하였는데, 사실상 이것은 화요회의 안동지회인 셈이다. 또 같은 1월 계몽과 세력 확장을 꾀하고자 화화사(火花社)를 조직하고, 사상운동 잡지 《화화(火花)》의 발간에 들어갔다. 2월에는 창간호 발행을 준비하면서 이와 함께 농민 잡지와 부인 잡지도 준비하였는데, 이것이 모두 화요회에서 추진하던 사업이었다.

화요회는 마침내 당 건설을 위한 마지막 단계로 접어들었다. 김재봉을 비롯한 주역들이 전조선민중운동자대회를 준비하고 나섰다. 서울에서는 김재봉을 비롯하여 홍덕유·장지필·구연흠·주세죽·허정숙·안기성·김단야·박헌영·김찬·조봉암·권오설 등이, 그리고 지방에서는 72명이 준비위원으로 뽑혔다.

1925년 4월 17일 마침내 조선공산당이 결성되었다. 김재봉이 이끈 화요회 그룹은 경찰의 시선을 따돌리고자 또 다른 행사를 치렀다. 즉 같은 날 오전부터 오후 늦게까지 동대문 밖 상춘원에서 전선기자대회(全鮮記者大會) 야유회를 연 것이다. 경찰들의 시선이 거기에 집중되는 틈에, 창당 회의는 서울 시내 한복판에서 기습적으로 열렸다. 12명이 오후 1시에 황금정(黃金町) 일정목(一丁目), 오늘날 서울 을지로 롯데호텔 커피숍 근처에 있던 중국요리점 아서원(雅叙園)에 모여 들었다. 이들은 조선공산당 창당에 합의하고, 전형위원을 뽑은 뒤, 중앙집행위원과 검사위원을 선임하였다. 김재봉·김두전(김약수)·유진희·주종건·조동호·정운해·김찬 7명이 중앙집행위원, 윤덕병·송봉우·조봉암 3명이 검사위원으로 각각 뽑혔다.

　창당한 다음 날인 4월 18일, 가회동 김찬의 집에서 열린 제1차 중앙집행위원회를 구성하였다. 비서부 김재봉, 정경부 유진희, 인사부 김약수, 조직부 김찬, 선전부 조동호, 조사부 주종건, 노동부 정운해 등으로 구성되었는데, 김재봉은 중앙집행위원 가운데서도 가장 중요한 비서부 책임을 맡았고, 코민테른에 보내는 문서에는 '책임비서'라고 밝혔다. 조선공산당은 코민테른에 창당 사실을 보고하고자 조동호를 모스크바로 파견하였다. 그러면서 조동호에 대한 증명서와 함께 〈조선공산당창립총회록〉을 보냈다. 총회록을 보면, 4월 17일 서울에서 19명이 참석한 가운데 제1회 대표회의를 열었고, 그 회의 경과와 중앙집행위원 및 검사위원의 인선 내용이 적혀 있다.

같은 해 5월 제2차 중앙집행위원회를 가졌다. 조봉암을 코민테른 중앙집행위원회에 파견 대표로 선임하고 위임장을 주었다. 위임장에는 조봉암을 '조선공산당전권대표보좌의 권리'를 위임한다고 명시하고, 책임비서 김재봉을 비롯한 중앙집행위원의 명단과 서명, 그리고 당 직인을 찍어 보냈다. 그럼에도 김재봉은 신의주와 서대문 형무소에서 신문을 받을 때 제2차 중앙집행위원회가 참석자 인원 부족으로 별다른 사항을 결의하지 못했다고 시치미를 떼었다.

한편 조선공산당 창당에 맞추어 고려공산청년회도 결성되었다. 조선공산당이 창당된 다음날이자 조선공산당 제1차 중앙집행위원회가 열리던 4월 18일에 고려공산청년회가 결성되고, 박헌영이 책임비서를 맡았다. 여기에는 김재봉의 든든한 후배인 권오설도 7명으로 구성된 중앙집행위원의 한 사람으로 뽑혔다.

조선공산당을 창당하던 그 무렵 김재봉은 건강이 그리 좋지 않았다. 이전에도 그랬었고, 그 뒤에도 계속해서 건강이 그리 좋지 않았던 것 같다. 그 가운데서도 그는 조선공산당 창당 직후에 특히 좋지 않았던 것 같다. 그럼에도 그는 항상 선두에 나서고 있었다.

1925년, 조선공산당을 만든 그 시기에 그가 참가한 일에는 '예천사건'이라 불리는 형평운동에 대한 지원활동도 있다. 형평운동사에서 가장 큰 비극이라 말할 만큼 희생이 컸던 경북 예천의 형평사피습사건에 대하여, 23개 단체 대표들이 모여 이를 규탄하고 조사단을 파견하면서 형평운동의 근본 취지를 대중에게 알리려고 노력하였다. 그래서 예천사건에 대하여 조사하고 희생자를 위문하며, 대중에게 제대로 알리는 작업을 실천해 나갈 실천위원으로 5명이 선임되었는데, 김재봉을 비롯하여 김찬·김약수·권오설·이석이 그들이다.

검거와 옥중 이야기

조선공산당이 결성되자 이들은 나라 안팎으로 움직여갔다. 안으로는 각 지역에 야체이카와 프랙션을 만들면서 지방으로 회원을 늘려갔고, 밖으로는 코민테른에 결성 사실을 알리고 상해를 비롯한 해외 거점을 확보해 나갔다. 그러다가 1925년 12월에 터진 '신의주사건'으로 조선공산당은 결정적인 위기를 맞았다.

그 전모는 아래와 같다. 11월 22일 신의주에서 신만청년회원(新滿靑年會員) 전득린(全得麟)의 실수로 조선공산당이 대거 검거되는 실마리를 제공하였다. 이로부터 신의주 경찰서와 종로 경찰서가 연합하여 사회주의자에 대한 대대적인 검거 작업이 펼쳐짐에 따라, 1차 20여 명이 붙잡혔다. 사태가 이렇게 진행되자, 김재봉은 자신도 일제 경찰을 피하기 힘들다고 판단하였다. 자신에게도 검거 손길이 미칠 것이고, 그렇다면 당이 붕괴되는 것은 시간문제였기에 가장 시급한 대책으로 마련한 것이 후계자를 선정하는 작업이었다. 12월 중순 김찬과 협의한 뒤, 후계자로 강달영과 이준태를 선정했다. 그래서 이들을 불러 면담하고, 다시 이봉수·김철수·홍남표를 추가하였다. 자신들이 검거된 뒤 사업을 이어나갈 인물을 정한 것인데, 강달영에게 책임비서를, 동향 출신이자 절대적 신뢰자인 이준태에게는 당 조직 만회라는 과제를 안겨 주었다. 그리고 그 직후 김재봉은 일제 경찰에 붙들리고 말았다.

신의주에서 기나긴 심문과정과 옥고가 시작되었다. 신의주 경찰서에서 진행되던 조사는 1926년 2월부터 신의주 지방법원 심문으로 이어졌다. 그곳에서 2월부터 5월까지 모두 네 차례 심문을 받았다. 주된 내용은 김재봉이 사회주의를 수용한 과정, 모스크바 행적과 꼬르뷰로 내지부 건설, 그리고 조선공산당 창당과 이후 활동에 관한 것이었다.

그런데 김재봉을 비롯한 관련 인물들이 갑자기 서울 서대문 형무소로 이감되었다. 마침 6·10만세운동이 일어나자, 일제가 '신의주사건' 관련자와 합동심리가 필요하다고 판단했기 때문이다. 이른바 '1차당'과 '2차당' 관련 인물들이 한꺼번에 심문받게 된 것이다.

1926년 7월 24일 김재봉은 신의주를 떠나 서대문 형무소로 옮겨졌다. 그만이 아니라 박헌영·임원근·김두전·송봉우·유진희·김상주·진병기·윤덕병 등 20명이 신의주에서 서대문 형무소로 이감되었다. 이들은 종로 경찰서에 잡힌 '2차당' 인물들과 연계되어 심문을 받았다.

9월 초 공판이 개시되었지만 진행은 느렸다. 실제로 그가 심문을 받게 된 시기는 더 늦은 1927년 초였다. 2월과 3월에 모두 세 차례의 심문이 있었다. 길게 끌던 예심이 1927년 3월 31일에 끝났다. 김재봉 자신을 포함하여 이른바 1차당 그룹, 그리고 6·10만세운동을 이끌어낸 권오설을 비롯한 2차당 그룹에 대한 예심이 함께 끝났다.

그는 서대문 형무소에서 편지를 통해 집안 걱정을 토로하였다. 인삼 재배를 시작했다는 소식에 그 결과를 집에 거듭 물었고, 도쿄로 간 맏아들 소식이나, 모친이 낙상하였다는 이야기에 조바심을 내는 편지를 집으로 자주 보냈다. 한편 면회를 오거나 경제적으로 도와준 집안 형제들에게 감사하다는 이야기도 썼다.

　1928년 1월 20일에 구형이 있었다. 1927년 3월 31일에 예심이 끝났으니, 해를 바꾸면서 무려 열 달이나 걸려 구형이 이루어진 것이다. 그것도 7년이라는 장기구형이었다. 2월 13일에 있은 선고 공판에서 그는 6년형을 받았다. 지긋지긋한 심리와 공판과정이었지만, 이제 그는 감옥에서 오랜 세월을 보내야 했다.

　옥살이는 세월없이 지나갔다. 몸은 자주 아프고 병감에 수용되는 일도 자주 있었다. 1928년 여름에는 그가 폐병으로 신음 중이라는 보도까지 나왔다. 병감에 수용된 인물을 보도한 내용에서 등장한 것인데, 병감 수용 사실은 이해되지만 '폐병'이라는 점은 확실하지 않다. 비록 그가 자주 병약한 모습을 보이기는 했지만 폐병이라는 이야기는 이 때 한 번만 등장하기 때문이다. 세상이 어떻게 변해가든, 그곳에서는 그저 면회자와 엽서로 바깥소식을 들을 뿐이었다. 평소 그물뜨기와 봉투붙이기 작업을 했지만, 독방살이는 그 자체가 또 다른 중형이었다. 그는 7년 대부분을 독방에서 보냈다.

　그는 무너져가는 나라 소식을 바람결에 듣고, 집안 걱정을 엽서에 적었다. 봉함엽서에는 정치적인 이야기를 담을 수 없으니, 집안 이야기가 주를 이루었다. 김재봉이 다른 사람들

김재봉이 서대문형무소에서 병이 들어 병감에 수용되었다는 보도기사
(중외일보 1928년 8월 18일자)

과 다른 독특한 면모를 보인 장면은 그가 한학자의 체취를 풍기는 점이다. 옥중에서 한시를 짓고 즐겨 읊는 모습은 보는 이로 하여금 한학자의 풍모를 느낄 수 있게 만들었다. 또 옥고를 마칠 무렵에는 그가 에스페란토를 배우겠다고 나섰다. 두 차례나 '엣스어(語)' 책자를 보내달라고 동생에게 글을 썼다.

김재봉은 1931년에 들어 더욱 조바심을 냈다. 출옥하게 되는 1931년이 부친의 수진(晬辰), 즉 회갑을 맞는 해였다. 그래서 그는 "한 달만 먼저 나가면 모실 텐데……"라면서 조금은 기대하는 듯하다가, 이내 부친 회갑 전에 출옥할 희망을 단념하였다.

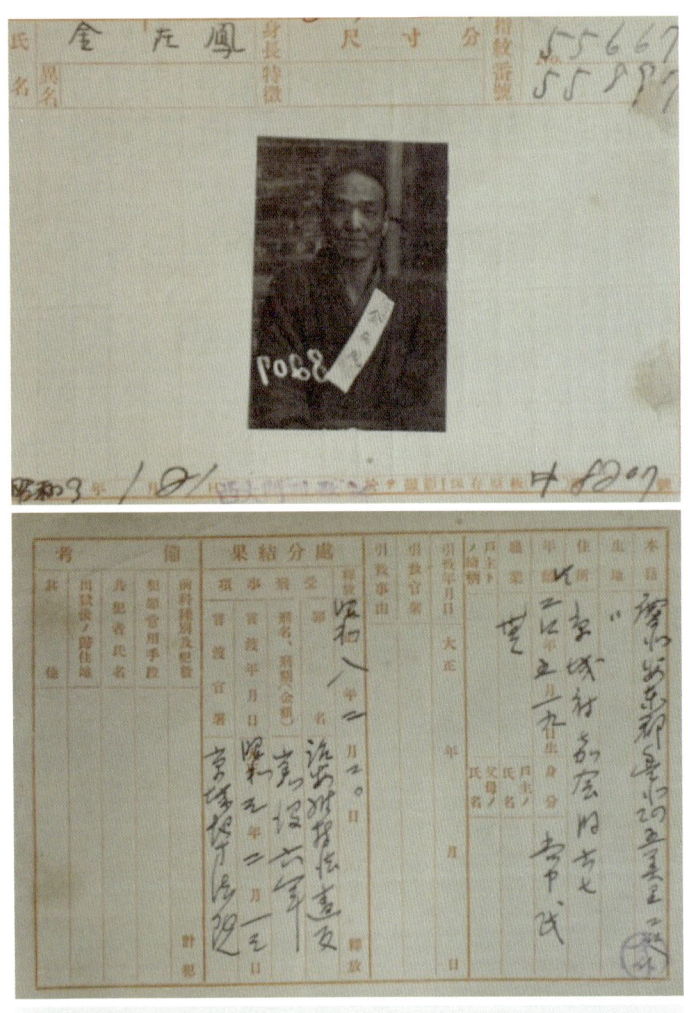

서대문형무소에 갇혀 있던 때 작성된 김재봉 신원카드

출옥과 그 이후의 생활

1928년 11월 '은사령'이라는 이름으로 많은 사람들이 감형되었는데, 그도 감형되어 만 6년의 옥고 끝에 1931년 11월 18일 출옥하였다.

김재봉은 출옥한 직후부터 10년 동안 하루도 편안한 날을 맞을 수 없었다. 본인 스스로 건강을 제대로 유지하기 힘든 데다가 우선 출옥한 지 두 주일 만인 12월 2일 모친이 사망하였다.

슬픔은 여기에서 끝나지 않았다. 1932년 12월 2일, 그러니까 모친을 잃은 뒤 정확하게 한 해가 되는 바로 그 날에 동생 재홍이 사망하였다. 그가 옥살이하던 시절 꼬박 그 뒷바라지를 맡았던 동생이 아닌가. 옥바라지만이 아니었다. 동생은 부모님을 모시면서 집안일을 도맡아 살림을 꾸려나갔다. 형의 두 아들인 조카에 대한 교육과 혼사까지 치러나간 동생이 아닌가. 그런 동생이 25세라는 젊은 나이에 세상을 떠난 것이다. 세상 모든 일이 허망스러웠으리라.

아픈 마음을 달래려면 세월이 필요하였다. 자연을 벗하며 지내는 날들이 있어야 했다. 그래서 나선 일이 양봉이었다. 벌을 따라 다니다 보면 신선한 공기를 마실 수 있고, 따뜻한 햇살을 받을 수 있어서 소일거리로 그 일을 택하였다고 그는 밝혔다. 김재봉은 건강이 어느 정도 회복되자 걸어서 먼 여행길에 올랐다. 만 46세가 되던 1937년 음력 8월 10일, 추석을 닷새 앞둔 날에 무궁화 강토[槿田]를 답사하러 나섰다. '가뿐한 신과 짧은 지팡이'로 '내 땅'을 밟으러 나선 길이다. 전체 여정이 어떠했는지 알 수 없지만, 그가 남긴 시 11편은 동해안을 거쳐 금강산을 유람한 자취를 잘 보여준다. 집 떠난 지 나흘 만인 14일에 대관령에 올라 글을 짓고, 다음 날 추석은 강릉에서 머물렀다. 양양 낙산사(8.16)·청간정(淸澗亭, 8.17)·외금강 온정리(9.3)·만물상(9.4)·신계사(神溪寺, 9.5)·옥류동과 구룡폭포(9.6)를 거친 그는 마침내 비로봉에 올라 내금강과 외금강을 바라보았다.

여행길에 지은 시 11편을 담아 9월 14일자로《동해안주공소첩(東海岸走筇小帖)》을 묶었다. 아마 이 날짜가 여행을 마친 날이거나, 고향에 도착하던 무렵이 아닌가 여겨진다. 그러니 꼬박 한 달이 넘는 여정인 셈이다. 작은 지팡이 하나 들고 나선 길이요, 그 속의 정감을 한시로 그려냈다. 그러면서도 정치적이거나 사회성 있는 단어는 한 마디도 넣지 않았다. 일제와 부딪치지 않으려던 그의 심정을 헤아릴 만하다. 하지만 그는 곳곳에 시름겨운 자신의 심정을 담아냈다.

금강산을 다녀온 이듬해 1938년 부친이 만 68세로 세상을 떠났다. 옥살이 이후 6년 반 정도 모시고 살 수 있었던 것만으

김재봉의 묘소

로도 다행스럽게 여겨야 했다. 그런데 1940년대 들어 잇달아 그에게 슬픈 일이 닥쳤다. 1941년 9월 18일 차남 단(鍛)이 25세라는 젊은 나이에 사망하고, 다음 해 1942년에는 맏 제수에 이어 30세 젊은 넷째 동생인 재란[在鸞, 재린(在麟)]을 잃었다.

그렇게 애달픈 날을 보내다가, 김재봉 자신도 만 53세가 되던 1944년 음력 2월 28일에 세상을 떠났다. 쓰라린 아픔들이 건강을 해치고 병을 깊게 만든지도 모른다. 고향 마을에서 멀지 않은 현애마을 근처 선산에 그의 영원한 집이 마련되었다. 해방 전야, 그의 집에는 슬픈 먹구름이 짙게 드리워져 있었다.

그를 기억하는 사람들

해방 이후 김재봉은 잠시 역사의 무대 위로 다시 등장하였다. 박헌영 중심으로 다시 결성된 조선공산당이 김재봉의 2주기를 맞아 추도회를 거행한 것이다. 이들이 조선공산당을 계승하고 있다는 사실도 김재봉을 '아당(我黨) 제1대 책임비서'라고 표현한 데서 확인할 수 있다. 하이라이트는 박헌영의 추도사에 있었다. 박헌영은 "고 김재봉 동지를 위한 추도사"라는 제목으로 이야기를 풀어 갔다. 그는 역사를 진보와 반동으로 구분한 뒤, 김재봉을 진보적이라 규정하면서, '조선의 위대한 지도자'라고 평가하였다.

1946년 4월 17일, 조선공산당 창당 21주년을 맞아 김재봉은 또 다시 《해방일보》와 《조선인민보》에 소개되었다. 그 뒤 김재봉을 소개하는 일은 눈에 띄지 않는다. 조선공산당이 불법단체로 규정된 뒤로는 김재봉에 대한 언급은 나타나지 않았고, 더구나 분단과 전쟁으로 말미암아 그에 대한 이야기는 깊은 땅 속에 묻혀버렸다. 그리고 반세기가 넘는 동안 그의 이름을 애써 부르거나 찾는 이는 거의 없었다.

　그런데 광복 50주년이 되던 2005년, 대한민국 정부가 그에게 건국훈장 애국장을 추서하는 큰 변화가 나타났다. 임시정부 지원 활동만 아니라, 1920년대 사회주의 운동에서 보인 그의 행적은 단순한 공산주의 운동이기보다는 계급투쟁이론으로, 민족을 일제의 압박에서 벗어나게 만들려고 했다는 점이 높이 평가되었다. 그를 비롯한 당시 사회주의자들은 식민지 한국이 해방되어야 할 피압박 무산자 계급이고, 일제가 타도되어야 할 독점자본가 계급이라는 인식틀을 갖고 있었다. 계급투쟁으로 일제 독점자본계급을 쳐부수면 식민지 한국이 해방된다는 논리인데, 김재봉은 바로 그 선두에 서 있었던 것이다.

하얼빈을 울린 의사(義士), 김만수

김만수(金萬秀, 1893. 11. 5~1924. 4. 9)의 자는 회일(會一)이다. 그는 1913년 만주로 망명했는데, 그가 만주의 어느 지역에서 어떤 활동을 펼쳤는지는 자세하게 알 수 없다. 다만 만주에서 길남장(吉南庄)의 군사가 되었다는 사실로부터 그는 알려지기 시작한다. 길남장은 1918년 봄, 안동 출신으로 만주지역 최고 지도자인 이상룡이 화전(樺甸)에 설치한 병영(兵營)이다. 이상룡은 스무 살 넘는 장정(壯丁)들을 모아 농병(農兵)을 만들어, 반나절은 농사짓게 하고, 반나절은 군사 훈련을 시켰다. 이 때 모집한 사람 가운데 김만수가 들어 있었다.

이상룡은 〈삼의사합전(三義士合傳)〉에서 그의 인물됨을 이

> 傳
>
> 三義士合傳○甲子
>
> 擴大兵臨強勢均力併有戰必勝易身短碓入敵衞之中纖欷巨熊為國除害難勝諸歷史孫吳之將踵武相接而刺轟之士稀如曙星皇軒五百年間只有刺小西飛之金應瑞射伊藤博文之安重根
>
> 致人而已一易一難不亦較然矣予然而處其易者身榮爵賞名顯鼎彝其難者暴屍野市汲名泉壤國典非嶽史論偽褒其亦異乎司馬氏游俠立傳之義也
>
> 義士金萬秀嶺南人也隆熙四年庚戌朝廷與日本締約之翌年萬秀恥之棄家西涉飄泊滿洲之野戊午春余於樺甸設吉南庄募二十歲以上壯丁為農兵使半日力耕半日習兵萬秀亦在募中興之慶數月其為人短小精悍富耐性時有幕誇說武書者輒冷語折之回能冒險善投敵斯為軍人君所言只是古人糟粕何足多乎余心異之翌年三月獨立宣言書此滿洲人士建軍政府於柳河編義勇軍為草締渡江之計余思用萬秀顧木的其所在及臨時政府立改府為署遣于樺甸萬秀一來相訪余試叩其志答回先生知徧立邊易乎余又異其有遠見也壬戌年火氣銳者相結為應援團貰鍾貳一時民情疑懼軍者諭而罷之別置憲兵多用團員元之於是萬秀為軍政署憲兵

이상룡이 김만수를 비롯한 세 의사의 장렬한 투쟁을 쓴 〈삼의사합전〉

렇게 썼다.

그 때 동료 가운데 무서(武書)를 아는 체하며 설명하기 좋아하는 자가 있었는데 그때마다 냉정한 투로 "위험을 무릅쓰고 적을 잘 죽일 수 있어야 진정한 군인이다. 자네가 말하는 것은 옛 사람들이 쓰던 찌꺼기일 뿐인데 어찌 쓸 만한 것이 많다고 하겠는가" 라고 말을 잘랐다. 내가 마음속으로 그를 남다르게 여겼다.

김만수는 길남장에서 몇 달을 지낸 뒤 이상룡 곁을 잠시 떠났다. 3·1운동이 만주에도 확산되던 1919년 4월 초순, 유하

김만수 가계도

14세 大賢

15세 慶祖(深谷派)

16세 時高

17세 弼臣

18세 侃

19세 瑞雲

20세 有源

21세 相德

22세 宗鐸

23세 重珏

24세 秉欽(入)

25세 洛雲(入) = 盆城 李氏

26세 萬秀(入)

*실선은 장자를, 점선은 장자가 아님을 뜻함.
*(入)은 양자를 뜻함.

현 고산자에서 군정서를 세우고 의용군을 조직할 때 이상룡은 김만수를 찾았지만 거처를 알 수 없었다. 그런데 그 해 가을 군정서가 임시정부 산하 기관으로 정리되면서 서로군정서가 되고 본부를 화전(樺甸)으로 옮길 무렵, 그가 다시 이상룡을 찾아왔다. 이야기를 나누던 이상룡은 그가 멀리 보는 안목이 있음을 기특하게 여겼다고 회고하였다.

김만수가 서로군정서에 본격적으로 뛰어든 시기는 1922년이었다. 그 때 서로군정서에서 헌병대를 새로 조직했는데, 그가 헌병이 된 것이다. 하지만 여기에 몸담은 뒤 그가 어떤 활동을 펼쳤는지 구체적으로 알려주는 자료는 없다.

그의 이름이 세상에 두드러지게 드러난 계기는 1924년 4월 하얼빈(哈爾濱)에서 만들어졌다. 이 무렵 참의부 소속으로 활동하던 김만수는 하얼빈 주재 일본총영사관 고등정탐부장 구니요시 세이호(國吉精保)와 형사부장 마쓰시마(松島)를 처단할 목적을 갖고 하얼빈으로 갔다. 이들이 장춘(長春)과 하얼빈에서 한국인들에게 많은 해악을 끼치고 있었기 때문이다. 이를 위해 그는 동지 10여 명을 모아 건국청년모험단(建國靑年冒險團)을 결성하였다. 여러 곳으로 흩어져 출발한 이들 가운데 김만수는 최병호(崔炳浩)·류기동(柳基東)과 함께 12월 2일 하얼빈의 합부(哈埠) 남십팔도가(南十八道街)에 있는 중국인 집에 방 한 칸을 얻었다. 그리고 목적을 이루기 위해 기회를 엿보고 있었다.

그런데 이 기밀이 하얼빈 일본총영사관 경찰에 들어갔다. 일제 경찰은 중국 군대와 교섭하여 지원을 약속받고서 기습에 나섰다. 구니요시 세이호와 순사 9명은 4월 7일 밤에 출동하였다. 여기에 협력을 약속했던 중국 경찰과 중국군 200여 명이 합세하였다. 중국군 대표가 김만수 일행이 묵고 있던 집에 들어가 사연을 묻자, 이들은 한국의 독립을 위해 투쟁할 것임을 밝혔다. 그러자 중국군은 이들이 자수하면 국사범으로 삼아 절대 일본에 넘기지 않겠다고 설득하기 시작했다. 협상이 길어지는 틈에 구니요시 세이호 형사가 집으로 들어서자 김만수가 총을 쏘아 그를 꺼꾸러트렸는데, 뒤를 따르던 두 순사는 간신히 밖으로 빠져나와 "우리는 중국인이다. 무기를 방안에 놓고 나오면 용서할 수 있으니 빨리 나오라"고 소리를 쳤다. 그러나 김만수를 비롯한 세 사람은 끝까지 맞싸웠다.

일경과 중국 군경이 하루 밤을 에워쌌다. 날이 밝은 뒤 사방에서 총이 발사되기 시작. 격전이 오전 내내 이어지고 한낮이 지나도록 끝나지 않자, 중국군은 세 사람이 있는 방벽에 구멍을 뚫고, 폭탄을 던져 넣었다. 마침내 집이 무너지고, 이들 세 사람은 모두 순국하였다.

이는 《독립신문》과 1924년 4월 13일자 《조선일보》에 보도된 내용이다. 여기에 대해 이상룡은 좀 더 자세하게 기록하였다.

> 포성이 진동하자 만수가 형세가 불리한 것을 알고, 문을 열고 우뚝 서서 큰 소리로 말하였다. "나는 한국의 독립군이다. 국가와 민족을 위하여 일본 적과 사생결단하고자 하니, 중국의 군민(軍民)들을 다치게 하는 일은 결코 없을 것이다."
> 말을 마치고 몸을 돌려 안으로 들어오는데 구니요시 세이호가 경찰을 데리고 창(槍:총)을 들고 곧바로 들어오는 것을 만수가 직접 발사하여 구니요시 세이호의 가슴을 정통으로 맞춰 바로 죽였다. 그러자 나머지 적들은 물러나 숨었다. 이 때 진사(鎭使)가 육군 한 개 소대를 더 파견하고는, 한 사람당 현상금 3백 원을 걸고 독려하여 유시(酉時)와 해시(亥時)부터는 철통같이 에워싸고는 탄알 5백여 발의 탄환을 난사하였으나, 기와와 벽이 견고하여 바로 무너지지는 않았으니, 이어 수창(手槍:총)을 들고 안에서 응사하였다. 날이 밝자 적들이 지붕에 올라와 기와를 부수고 구멍을 내서 폭탄 대여섯 개를 투척하고 사방에서 총탄을 쏟아지자 담벽이 마침내 무너졌다.
> 집 안에서 포성이 끊어지자 양쪽 군대가 일제히 들어가 살펴보니 세 사람은 이미 땅에 엎어져 있는데 살점이 흩어지고 피가 흥건하

였다. 가슴에 각각 창흔이 있었으니, 이걸 본 사람들은 모두 스스로 자살하였다고 하였다. 그 때가 단기 4257년 4월 9일 오후 2시였다.

일경과 중국 군경의 협공을 받아 세 사람의 독립운동가들은 장렬한 최후를 맞았다. 이들의 유해는 현지 동포들의 손으로 조선인 묘지에 안장되었는데, 매장 과정에서 김만수의 이름이 알려지게 되었다. 최병호와 류기동 두 사람은 명함을 지니고 있어 누군지 알 수 있었지만, 한 사람은 그렇지 않았다. 그런데 이름을 알 수 없는 한 사람의 왼편 팔뚝과 다리에 먹으로 이름이 새겨져 있는 것이었다. 그가 바로 김만수였다. 또한 태어난 년도가 함께 새겨져 있어서 41세의 김만수로 판명되었던 것이다.

한국 독립운동가 세 사람이 중국군에게 살해되었다는 소식은 중국인에게도 충격을 주었다. 중국군을 비난하는 여론이 쏟아졌고, 그곳을 관할하는 길림성장(吉林省長)도 지금부터는 그런 일이 없게 하라고 명령을 내렸다. 또 직접 행정권을 가진 특별구행정장관(特別區行政長官) 주경란(朱慶瀾)은 소속 각 관청에 명령하여 "이번 일은 대단히 잘못된 것이니 앞으로는 그런 일이 없도록 특별히 주의하고, 조선 사람 가운데 범죄자가 있거든 중국 법률로서 처리할 것이요, 일본 사람이 간여하는 일이 없도록 엄금하라"고 지시하였다.

　이상룡은 〈삼의사합전〉에서 이들의 죽음을 '살신성인(殺身成仁)'으로 표현하였다. 그리고 "의(義)란 마땅함이니, 마땅히 없애야 할 것을 없앴다면 그 공로를 따지지 말고, 마땅히 죽어야 할 곳이라면 죽더라도 그 뜻을 바꾸지 않는 것, 이것이 의사(義士)됨"일 것이라고 평하였다. 이상룡의 표현처럼, 김만수는 진정한 의사의 길을 택했던 것이다.

김만수 생가 터에 세워진 기념비

8 나라 안팎에서 펼친 활동

1) 일본에서 펼친 노동·청년운동

일본에서 노동운동을 전개한 김병국

김재봉이 러시아와 국내에서 활동한 사회주의자라면, 김병국(金秉國, 1905~1940. 9)과 김홍섭은 일본 쪽에서 활동했던 같은 마을 출신의 사회주의 운동가들이다. 김병국은 설송(雪松) 김숭조(金崇祖)의 10대손인 김낙연(金洛淵)의 둘째 아들로 태어났다. 김차암(金且嚴)·전병걸(全秉杰)로 불리기도 했으며, 자(字)는 성소(聖韶)로 썼다. 어려서는 안동의 여느 선비들과 마찬가지로 한학을 공부하였다.

김병국의 생가

'예심종결결정'(도쿄지방재판소, 1930년 6월 30일)에 따르면 그는 18세에 보통학교를 졸업하고, 21세가 되던 1926년 11월에 유학을 목적으로 일본 오사카로 건너갔다. 그런데 그의 일생을 정리한 문중의 《허백당세적》에는, 그가 전라도 출신인 어느 인물의 도움을 받아 1925년 3월 일본으로 건너갔다고 적혀 있다. 또한 도쿄에 도착한 김병국은 한 달 뒤에 집안 친척인 김구현(金九鉉)을 만나 니주바시(二重橋) 폭탄의거로 이치가야(市谷) 형무소에 갇혀 있는 추강 김지섭 의사를 면회하였고, 그 뒤로도 몇 차례 김지섭을 면회하였다고 했다. 그렇다면 김병국은 1925년에 일본으로 건너가 도쿄에 머물다

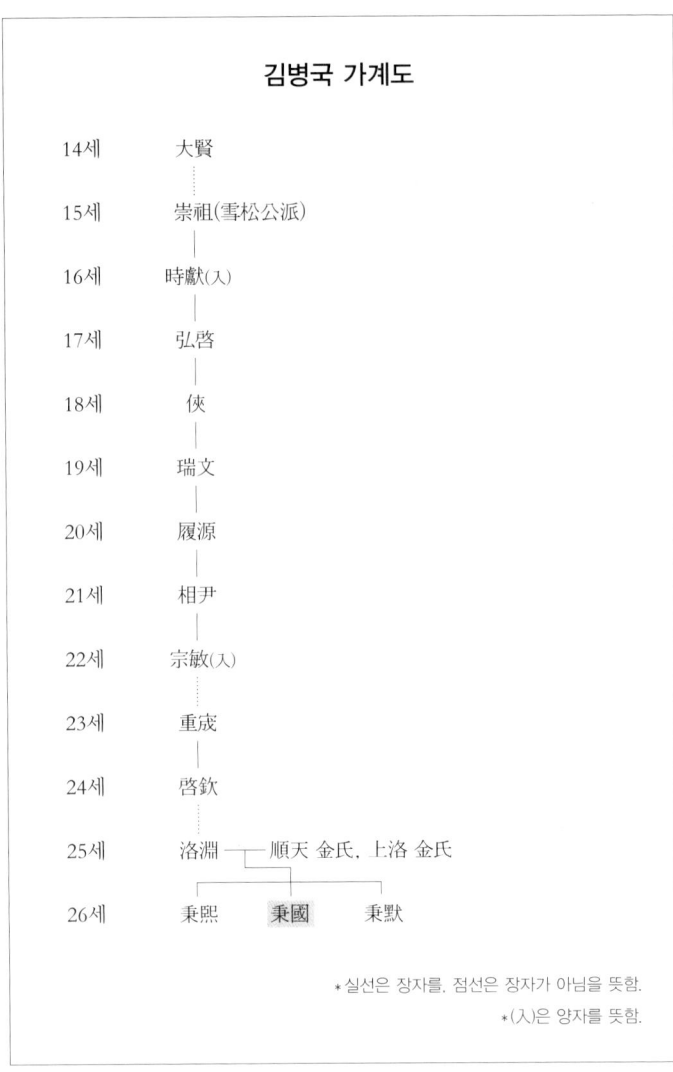

1926년 11월에 오사카로 건너갔을 가능성이 크다.

김병국은 오사카에서 노동자로 생활하였다. 유학한다고 떠났지만, 실제 생활이 넉넉하지 않았던 것 같다. 그러나 오사카에서 지낸 노동자 생활은 그에게 새로운 길을 열어 주었다. 노동자에서 노동운동가로 변신해 나간 것이다. 그는 1927년 재일본조선노동총동맹 오사카조선노동조합 동남지부 집행위원이 되었다. 어떠한 과정을 거쳐 집행위원이 되었는지는 알 수 없지만, 일단 그가 노동운동가의 반열에 올라서기 시작한 것만은 확실하다.

1928년에 들어서면서 그는 신간회 활동에도 참가하였다. 1월 30일 오후 7시, 신간회 오사카지회의 임시 사무소인 오사카조선노조 니시나리(西成)지부에서 열린 신간회 오사카지회 확대 간사회에서 김병국은 간사로 보선(補選)되었다. 이날 회의는 신간회 회관 개설, 역원(役員) 및 대회대표위원 보선, 민중대회 개최, 기념식에 관한 문제 등을 논의하였다. 그 자리에서 김병국이 신간회 오사카지회 간사로 보선된 것을 보면, 오사카에서 그가 가진 역량이 어느 정도인지 가늠할 수 있다.

그 자리에서 논의된 '기념식에 관한 사항'이 정확하게 무엇인지 알 수 없으나, 3·1운동을 기념하는 행사였을 가능성이 크다. 왜냐하면 오사카에서 바로 한 달 뒤인 3월 1일, 오사카 조선청년동맹이 주최한 '오사카동포 3·1기념' 행사가 열렸기 때문이다. '오사카동포 3·1기념' 행사는 음악회 형태로 진행되었다. 이 날의 기념음악회는 동포 약 700명이 모인 가운데 오사카 조선청년동맹 소속 학교인 동광학교(東光學校)에서 개최되었다. 이 가운데는 150명 가량은 여성이었다.

연주회가 갑자기 기념행사로 바뀌는 데는 김병국의 역할이 결정적이었다. 연주가 진행되던 가운데 청년동맹 간부 김병국이 무대에 올라 3·1운동을 기념하는 뜻을 담은 연설을 시작하자, 청중들이 소리를 합쳐 만세를 부르기 시작한 것이다. 만세는 계속되었다. 많은 사람들이 잇달아 무대로 올라와 만세를 불렀고, 이는 차츰 격렬한 절규로 변해갔다. 음악회가 갑자기 3·1운동을 재현하는 모습으로 바뀌어 가자, 경계 근무에 나선 경찰이 집회를 막고 동포들을 해산시켰다. 그 자리에서 김병국을 비롯한 6명이 일경에 붙들려 조사를 받게 되었다. 《조선일보》는 "700명 군중이 돌연 만세 고창"이라는 제목을 붙여 이를 보도하면서, 참으로 참담했다고 전하였다.

3·1기념행사를 준비하면서, 김병국은 만감이 교차하였을 것이다. 바로 기념행사 열흘 전인 1928년 2월 20일에 지바 형무소에서 복역하던 김지섭이 옥사하였기 때문이다. 이치가야 형무소에서 지바 형무소로 이감된 지 겨우 2년 반 만의 일이

었고, 감옥에 들어온 지 4년여 만의 일이었다. 김지섭이 사망했다는 비보는 오사카에 있던 김병국에게 바로 전해졌다. 그는 지바 형무소로 달려갔고, 예안 3·1만세운동에 참여했다가 일본에 건너와 있던 족친 김구현과 함께 김지섭의 시신을 확인하였다.

김병국은 김지섭의 시신을 보고 죽음의 원인에 대해 강한 의문을 가졌다. 상처에서 이상한 점이 발견되었기 때문이다. 앞에서 말했듯이 김병국은 전보를 받고 달려온 김지섭의 동생 김희섭, 그리고 김구현과 함께 부검을 의뢰하였다. 이에 2월 23일 촉탁의사 마지마(馬島)가 입회한 가운데 지바 의과대학 병원에서 부검이 이루어졌다. 하지만 입회한 의사조차 정확한 사인을 밝혀내지 못했다. 끝내 김병국은 죽음의 원인을 속 시원히 밝히지 못한 채 김지섭의 시신을 화장하여 유골을 조국으로 보내는 일에 힘을 쏟을 수밖에 없었다. 그리고 돌아서자마자 오사카 3·1기념행사를 준비해야 했다.

그가 이 행사를 준비하고 참석하면서 얼마나 가슴이 찢어졌을지 짐작이 가고도 남는다. 그의 발걸음이나 말 한 마디에도 그러한 정황이 진하게 담겨 있었을 것이다. 그래서 그가 무대에 올라선 뒤 모든 분위기가 갑자기 바뀌게 된 것일지도 모른다.

다행스럽게 그는 곧 풀려났다. 그가 바로 이어 참석한 회의는 3월 11일에 열린 오사카청년동맹 확대집행위원회였다. 이날 개최된 오사카조선청년동맹 확대집행위원회는 재일본 조선청년동맹설립대회 오사카지방 준비에 관한 사항을 논의하였다. 회의 끝에 3월 18일에 텐노지(天王寺)에서 오사카준비회를 열기로 결정하고, 준비위원을 뽑았다. 여기에서 그는 준비위원으로 뽑혔다. 그리고 이 날 회의에서는 '울산대공원 설립' 반대운동을 펼칠 것을 결의하기도 하였다. '울산대공원'은 임진왜란 당시 조선을 침략했던 가토 기요마사(加藤清正)를 기념하기 위한 것이었다. 오사카에 있던 조선청년동맹 회원들은 여기에 일선동화(日鮮同化)를 내세우려는 저의가 있다고 판단하고, 반대하는 결의사항과 함께 관계당국에 경고문을 발송하기로 결의하였다.

김병국은 노동운동에 이어 청년운동에도 열정을 쏟았다. 1928년 3월, 재일본 조선청년동맹 오사카지부의 집행위원이 된 것도 그러한 일 가운데 하나였다. 그는 이 동맹의 기관지 발행도 주도하였다. 1928년 6월 28일 재일본 조선청년동맹 오사카지부는 동광학원(東光學院)에서 긴급 집행위원회를 열고, 기관지 《청년조선》을 창간하기로 결의하였다. 이 자리에서 그는 《청년조선》 창간 준비위원에 선정되었다.

재일청맹 오사카지부위원회 활동을 보도한 기사(중외일보 1928년 7월 5일자)

 이 무렵 그는 재일본 한국인 노동자와 청년을 위한 노동·청년운동을 벌이면서 자연스럽게 사회주의를 공부하였다. 1928년에 그가 고려공산청년회 일본부 오사카 야체이카 회원으로 가입한 것은 이를 말해준다. 그가 고려공산청년회에 들어간 계기는 박득룡(朴得龍) 때문이었다. 1928년 7월 하순 그는 오사카 동광학원에서 고려공산청년회 회원으로 활동하던 박득룡을 만났다.

 이 자리에서 박득룡은 김병국과 김우섭[金友燮, 또는 김흥섭(金興燮)]이 고려공산청년회 일본부 '오사카 야체이카' 회원으로 결정된 사실을 알렸다. 그러자 김병국은 이를 받아들여 고려공산청년회 오사카지부 회원으로 흔쾌히 가입하였다. 그리고 그 날 동광학원 근처에서 박득룡과 함께 '오사카 야체이카' 회원인 윤수암(尹壽巖)·김우섭을 만나 비밀회의를 열었다. 이 자리에서 이들은 비밀을 엄수할 것, 기록을 남기지 않을 것, 야체이카 회의를 열흘에 한 번 열 것, 청년동맹기관지 《청년조선》을 발간할 것, 청년동맹 오사카지부에 공장반을 둘 것 등을 논의하였다.

노동운동·청년운동·사회주의 운동 전선에서 활약하던 김병국은 그 활동이 드러나면서 1930년 일본 경찰에 체포되었다. 검거 당시 그의 나이는 25세, 오사카에서 맹렬한 활동을 벌인 지 만 4년 만이었다. 족친 김우섭도 함께 붙들렸다. 1930년 6월 30일 예심결정이 나자, 도쿄지방재판소 공판으로 넘어갔다. 그 결과 1931년 3월 김병국은 징역 2년형을 선고받고, 보석으로 출옥하였다. 그러나 1932년 4월 26일 '달아날 염려가 있다'는 이유로 보석이 취소되어, 다시 이치가야 형무소에 갇히게 되었는데, 출소해 있던 임종웅(林鍾雄)·강춘순(姜春淳)·김석순(金錫淳)도 함께 같은 형무소에 갇히게 되었다. 5년 전 김지섭을 만나기 위해 들렀던 바로 그 이치가야 형무소에, 이번에는 김병국 자신이 붙들려 2년 넘는 옥고를 치르게 되었다. 어찌 생각하면 이 형무소는 오미마을의 민족운동가들과 악연이 참 깊은 곳이었다고 말할 수도 있겠다.

옥고를 치르고 나온 김병국은 바로 활동에 나섰다. 그는 참으로 꺾이지 않는 운동가였다. 그는 1933년부터 반전(反戰) 격문을 배포하고, 각종 기념일에 시위를 벌이는 한편 노동자 간담회, 일본공산당 기관지인 《아카하타(赤旗)》 독자회 등을 열었다. 그러다가 자료에서 그의 모습이 얼마 동안 나타나지 않는다. 오미마을 풍산김씨 문중에서 편찬한 《허백당세적》 에는 그가 부산 초량동(草梁洞)에 머물렀다고 기록하고 있다.

그러다가 1936년 일본의 히로시마에서 그의 모습이 나타났다. 그가 가족을 이끌고 다시 일본으로 건너간 때가 바로 이 무렵이다. 히로시마로 건너간 그는 1936년 11월 18일 그곳에 살고 있던 한국인 50여 명을 모아 히로시마(廣島) 공흥소비조합(共興消費組合)을 결성하였다. 그런데 이 무렵 일제 경찰은 김차암(金且嚴)이라는 이름으로 움직이고 있던 그를 '요시찰 인물 갑호(甲號)'로 분류하여 끊임없이 감시하고 있었다. 그러한 감시 속에서 히로시마에서 소비조합을 결성하여 활동하던 그는 마침내 1940년 2월 일경에 붙들렸다. '히로시마 공흥소비조합 사건'이 검거의 명분이었다. 그런데 일경의 취조를 받던 김병국은 9월 19일 병으로 사망하고 말았다. 함께 검거된 동지들은 12월까지 계속 취조를 받았다.

김병국은 한국을 강탈했던 일본의 오사카와 히로시마에서 노동운동·청년운동·사회주의 운동을 통해 민족운동을 벌이다 35세의 짧은 삶을 마감하였다. 후손들은 그가 현립(縣立) 니시미야(西宮) 회인병원에서 마지막을 맞았다고 전한다. 시신을 인수하라는 연락을 받고 가족들이 도착해 보니, 그는 늑골이 3개나 부러진 채 싸늘한 주검이 되어 있었다고 한다. 유족들은 시신을 화장한 뒤 일본의 한 사찰에 그를 모셨다. 그리고 4년 뒤인 1944년에 동생 김병묵(金秉默)이 그의 유골을 옮겨와 예천군 호명면(虎鳴面) 직산리(稷山里) 대지(大枝) 광석산(廣石山) 절골[寺谷] 들머리에 안장하였다.

오사카에서 청년운동을 펼친 김우섭

김우섭은 봉화군 물야면에서 망와(忘窩) 김영조(金榮祖)의 11대손인 김병은(金秉殷)의 셋째 아들로 태어났다. 앞에서 말했듯이 그는 김흥섭(金興燮)으로 불리기도 했다. 〈예심종결결정〉(도쿄지방재판소, 1930년 6월 30일)에 따르면 김우섭은 보통학교를 마치고 서울 중동학교에서 3년을 공부하였다. 그 뒤 20세가 되던 1925년 5월 그는 공부를 위해 일본 유학길에 올랐다. 일본에 도착한 그는 일단 오사카에 머물면서 공장에서 노동자로 일하였다. 노동자로 생활하면서 그는 강의록을 보며 틈틈이 공부를 하였다. 그러다가 그는 강철(姜哲)을 만나 오사카 청년단체에 들어가게 되었다.

그가 가입한 청년단체는 오사카고려무산청년회이다. 이 단체는 1926년 7월 1일에 창립대회를 열었으며, 강철은 바로 이 대회의 집행위원이었다. 김우섭이 오사카 고려무산청년회에 가입한 정확한 시점은 알 수가 없으나, 그가 이 단체에서 이름을 드러낸 시기는 1927년 10월이다. 오사카 고려무산청년회는 1927년 10월 16일 오사카 노동학교 대강당에서 제2회 정기대회를 열어, 오사카 고려무산청년회를 해체하고 오사카조선청년동맹을 창립하기로 결정하였다. 이날 대회는 준비위원인 위경영의 사회로 진행되었으며, 오사카조선청년동맹 창립을 위해 임원을 선출하였다. 이 자리에서 김우섭은 김병국과 함께 위원으로 뽑혔다. 그리고 이 날 오사카조선청년동맹 14개의 강령과 8개항의 건의안을 채택하였다. 이날 채택된 결의안과 건의안을 통해 오사카조선청년동맹은 전민족적 단일당 수립을 위해 신간회를 적극적으로 지지하기로 의견을 모으고, 신간회와 대립하는 단체를 없애기로 결의하였다.

김우섭은 오사카조선청년동맹의 한 사람으로서 다양하게 활동하였다. 1927년 12월 그가 펼친 운동은 재만조선인동포 구축반대운동이다. 1927년 5월부터 만주에 사는 동포들이 탄압받고 쫓겨나는 사태가 벌어지자, 국내 운동세력이 대대적인 규탄운동을 펼쳤다. 그 바람에 탄압이 조금 수그러들었지만, 완전히 사라지지는 않았다. 이에 김우섭을 비롯한 오사카조선청년동맹은 1927년 12월 13일 긴급집행위원회를 열고 이 문제를 협의하였다. 이들은 첫째, 만주주재동포사건에 대하여 오사카 각 노동단체와 연합하여 공동위원회를 열고, 긴급구제책을 찾을 것 둘째, 신년을 맞아 1월 1일과 2일에 텐노지 공회당에서 오사카 각 단체와 연합하여 조선노동자위안회를 열 것을 결의하였다. 그리고 실행위원 3명을 선출하였는데, 김우섭이 위경영·김홍찬과 함께 선정되었다.

또한 김우섭은 일본에 있는 조선청년들의 조직을 하나로 묶어야 한다고 굳게 믿고 재일본조선청년동맹을 결성하는 데 앞장섰다. 김우섭을 비롯한 오사카조선청년동맹은 도쿄조선청년동맹·교토조선청년동맹의 구성원과 함께 1928년 2월 2일 오사카청년동맹회관에 모여 재일본 조선청년동맹을 결성코자 3청년동맹공동위원회를 구성하였다. 여기에 김우섭은 위경영·윤동명과 함께 오사카 대표로 참여하였다. 도쿄에서는 인정식이, 교토에서는 김정두와 조재홍이 대표로 출석하였다.

이 날 회의에서 3월 1일 재일본조선청년동맹을 창립하기로 결의하고 조직과 관련한 사항을 정하였다. 그 내용은 다음과 같았다.

1. 단일 동맹을 구성하고 지방에 지부를 두어 그 의사를 모으며, 본부는 도쿄에 둔다.
2. 대회는 1928년 3월 11일 교토에서 연다.
3. 대의원은 단체마다 5명씩 선출한다.
4. 의안 인쇄비로 100원을 계산하고 기타 대회경비는 보류한다.
5. 선언과 의안의 작성은 도쿄조선청년동맹에 일임한다.

이 자리에서 연락위원을 뽑았다. 김우섭은 오사카조선청년동맹 연락원으로 선출되었다. 도쿄 대표는 인정식, 교토 대표는 조재홍이었다.

창립대회가 열리고, 오사카조선청년동맹은 4월 20일부터 재일본조선청년동맹 오사카지부로 활동하였다. 김우섭은 재일본조선청년동맹 오사카 지부의 상임위원, 조직선전부장이 되었다. 1928년 4월 20일에 창설된 오사카지부는 7개 반 470명으로 구성되었는데, 3·1기념식 행사를 비롯한 반일반제운동, 교육사업과 《청년조선》을 발간하기 위한 기금마련 등의 활동을 펴나갔다.

김우섭은 일본에서 청년운동을 벌이면서 자연스럽게 사회주의를 체득하였다. 1928년 그가 고려공산청년회 일본부 오사카 야체이카 회원으로 가입한 것이 이를 말해준다. 그리고 그가 고려공산청년회에 들어간 계기는 김병국의 내용에서도 본 것처럼, 박득룡의 영향을 받았다. 1928년 7월 하순 동광학원에서 박득룡을 만나서 김우섭은 자신이 고려공산청년회 일본부 '오사카 야체이카' 회원이 된 사실을 알았고, 김병국과 더불어 활동해 나갔다. 그러다가 김병국의 활동이 드러나면서 1930년 일제 경찰에 체포되자, 족친인 김우섭도 함께 붙들렸다. 1930년 6월 30일 예심결정 후에, 도쿄지방재판소 공판으로 넘어갔다.

그 뒤 김우섭의 이름이 확인되는 때는 1934년 4월 16일이다. "일본경시청은 도주 수배 중인 고려공산청년회 일본부사건 관계자 김우섭의 소재를 2월 27일 발견하고, 관할 재판소의 책부(責付) 취소 결정에 따라 구류를 집행한다"는 내용의 자료이다. 이후 그의 이름은 민족운동 선상에서 사라졌다.

2) 1920·1930년대 사회운동

서울에서 대중운동을 펼친 김지현

오미마을 출신들이 펼친 민족운동은 내용면에서 다양하지만, 여러 지역에서 활동을 보였다는 특성도 있다. 김지현(金

김구현과 김지현 형제의 생가 터

芝鉉, 1904~1954)은 서울과 안동을 드나들며 대중운동을 벌인 인물이다. 그는 1904년 오미동 224번지에서 심곡 김경조의 13대손인 김재덕(金在悳)의 둘째 아들로 태어났으며, 1918년 숙부인 김재선(金在璇)의 양자가 되었다. 그의 형은 예안면 3·1만세운동에 참여한 김구현(金九鉉)이다. 그는 9세 되던 1910년부터 오미동 삼벽당(三碧堂)에서 족조(族祖)인 기헌(杞軒) 김병택(金秉澤)에게 한학을 배웠다고 전해진다. 집안 기록

김구현 · 김지현 가계도

세	
14세	大賢
15세	慶祖(深谷公派)
16세	時高
17세	弼臣
18세	侃
19세	瑞雲
20세	有源(入)
21세	相穆
22세	宗鎬
23세	重南
24세	光欽
25세	洛英
26세	秉均
27세	泰燮
28세	在悳 ── 眞城 李氏
29세	九鉉　　芝鉉

*실선은 장자를, 점선은 장자가 아님을 뜻함.
*(入)은 양자를 뜻함.

에는 "1923년 3월 오릉학술강습회를 졸업하고, 바로 서울로 올라가 그해 9월 경성부기학원을 졸업하였다"고 적혀 있다.

그가 사회운동에 첫발을 내디딘 것은 경성청년회(京城靑年會) 가입이었다. 어떻게 누구와 논의하여 가입했는지 알 수 없으나, 창립회의 때부터 그가 참여한 사실이 일제 정보 기록에 나타난다. 그렇다면 그도 창립자의 한 사람이었을 것이다. 경성청년회는 청년의 교양과 일반 무산계급의 경제적 투쟁에 적극적으로 참여하는 데 목표를 두었다. 그래서 해마다 메이데이와 9월 청년데이를 회원모집일로 정하고, 무산청년의 경제적 이익을 옹호하며 청년노동의 착취에 저항하여 경제적으로 동일한 권리를 주장하였다.

김지현의 활동도 이러한 선에서 이루어졌던 것이다. 1924년 12월 11일의 경성청년회 창립총회 이후, 1925년 1월 임시총회, 1925년 2월 제2회 정기총회, 월례회 등에서 그의 이름이 매번 확인되는 것을 보면, 경성청년회 활동에 그가 열성적으로 참여하였음을 알 수 있다.

1925년 11월 경성청년회원으로 그의 이름이 알려진 사건이 일어났다. 바로 조선문단사(朝鮮文壇社)가 주최하는 이광수(李光洙)의 강연회를 방해하다 검거된 사건이다. 이 강연회는 11월 5일 저녁 7시 30분부터 인사동 중앙예배당에서 열렸

경성청년회 월례회에 대하여 종로 경찰서장이 경성지방법원 검사에게 제출한 보고서에 김지현의 이름이 보인다.(1925)

다. 이광수의 강연을 듣기 위해 400여 명의 청중이 모여, 중앙예배당은 가득 찼다. 그런데 민족적 의식이 있는 청년들이 이 강연을 그냥 두고 볼 리 없었다. 이광수가 연단에 오르자 뒤쪽에 있던 청중 속에서 고함 소리와 발 구르는 소리가 터져 나왔다. 강연회가 갑자기 아수라장이 되자, 강연장에 나와 있던 종로 경찰서의 경찰관은 서둘러 다섯 명을 붙잡아 갔다. 그 가운데 북풍회 이만국(李萬國)과 당시 경성청년회 집행위원이었던 김지현이 들어 있었다. 이 때 붙잡힌 김지현은 구류 7일에 처해졌고, 이 사건으로 사상요시찰 대상자 명단에 오르게 되었다.

김지현의 활동이 다시 드러나는 것은 1927년 '대중운동사(大衆運動社) 사건'이다. 대중운동사는 1926년 2월 경성 신흥청년동맹의 사회주의자 어구선(魚龜善)·오의선(吳義善)·이진한(李鎭翰)·김지현·김철회(金哲會)·이종만(李鍾萬)·백남표(白南杓)의 발기로 창립되었다. 《대중운동(大衆運動)》이라는 기관지를 발행하는 것이 이들의 목표였다. 대중들에게 과학사상을 보급하기 위한 활동임을 표면에 내세우고 있었지만, 실질적으로는 사회주의 사상을 불어 넣고 대중운동을 펼치고자 함이 그 목적이었다.

김지현이 대중운동사 활동과 관련하여 체포된 계기는 안동에서 조직된 풍서농민회(豊西農民會) 간부들이 검거된 것이다. 1926년 12월 8일 풍서농민회 간부 김지한(金芝漢)이 풍남주재소(豊南駐在所)에 잡혔다. 다음 날인 9일에는 안동 경찰서 사법계의 주임을 비롯한 경관 여러 명이 풍서농민회관을 수색하기에 이르렀다. 이들은 신흥청년동맹 선언과 강령·규약, 그리고 풍

안동경찰서가 화성회와 김지현을 비롯한 대중운동사 관련 인물을 붙들었다는 기사 (동아일보 1927년 1월 14일자)

서농민회의 일지를 발견하였다. 그런데 그 일지 가운데 대중운동사원인 김지현·이진한이 풍서농민회를 방문하였다는 내용이 들어 있었다. 일경은 곧바로 이를 압수하고, 풍서농민회 간부 김지한과 김기진을 검거하였다.

안동 경찰에서는 대중운동사와 관련하여 종로 경찰서에 수사를 의뢰하였다. 결국 1927년 1월 6일에 이르러 대중운동사의 사원으로 활동하던 어구선, 김지현 등 다섯 명은 종로 경찰서에 검거되었다가, 곧바로 안동 경찰서로 호송되었다. 그리고 안동 경찰서에서는 화성회의 상무간사였던 김원진(金元鎭), 대중운동사원인 김지현·김지한, 그리고 김기진(金箕鎭)을 취조하기 시작했다.

취조가 진행되면서 1월 18일 경성지방법원 검사국에서는 종로 경찰서의 형사 여러 명과 함께 당시 안국동에 있던 김지현의 집을 수색하고 서류와 증거품을 압수하였다. 그리고 김지현·김지한·어구선 3명은 1927년 1월 22일 대구지방법원 안동지청 검사국에 기소되었다.

지루하게 연기되던 공판 끝에 대중운동사 사건으로 검거된 3명은 안동지청에서 무죄판결을 받았으나, 검사가 공소하는 바람에 대구복심법원으로 넘어갔다. 5월 23일 이들에게 드디어 구형이 내려졌는데, 어구선은 징역 1년 6개월, 김지현·김지한은 6개월 이상 1년까지가 그 내용이다. 그런데 당시 변호를 맡았던 김완섭·허신의 열성적인 변호로 이 사건은 다시 폐정되었다. 5월 31일 대구복심법원에서 열린 판결에서 김지현은 어구선·김지한과 함께 증거 불충분이라는 사유로 무죄판결을 받았다. 그러나 다섯 달이나 겪은 심한 고초는 무엇으로도 보상받을 수 없었다.

그 뒤 김지현은 민족운동 선상에 나타나지 않았다. 도쿄로 유학길에 오른 그는 법학을 공부하고 1930년 4월 귀국하여 《동아일보》기자로 잠시 활동하다가, 조선금융조합연합회에 입사했다고 전해진다.

조공재건운동을 펼친 김상섭

김상섭(金尙燮, 1909~?)은 심곡 김경조의 11대손인 김병기

김상섭이 태어난 집터

(金秉夔)의 독자로 태어나 소년 시절에는 한학을 공부하였다. 그가 오미마을을 떠나 서울로 간 때는 1928년 2월 무렵이었다. 서울에 살면서 그가 어떠한 활동을 하였는지 알 길이 없으나, 1929년 서울에서 안상훈을 만났다는 문중의 기록이나, 보성전문학교 학생과학연구회원이었다는 《동아일보》의 기록으로 보아, 사회주의 운동가들과 접촉하고 있었음을 알 수 있다.

  그의 이름이 세상에 알려진 때는 1929년 6월이었다. 김상섭은 안상훈을 중심으로 한 조선공산당 재건운동이 드러나면서 이에 얽혀 종로 경찰서에 붙들렸다. 안상훈(가명 : 파트로코프)은 안동 출신으로 1925년 안동청년회, 제1차 고려공산청년회에 가입하였으며, 권오설의 주선으로 모스크바 동방노력자공산대학에 입학했던 인물이다. 그 뒤 1929년 3월 서울상해파 계열인 '조선공산당재건설준비위원회'의 파견원으로 국내에 들어와 활동하다가 '공산당열성자 사건'으로 그 해 6월에 붙잡혔다. 바로 이 사건에 얽혀 모두 14명이 체포되었는데, 김상섭이 여기에 포함되었다가 혐의가 없음이 밝혀져 풀려났다.

신간회 활동에 나선 김재연

  신간회는 1927년 2월 15일 서울에서 결성되었다. 1919년 3·1

신간회 제2차 정기대회(위), 김재연이 태어난 집(아래)

운동 당시 사회주의가 국내에 본격적으로 들어왔고, 1925년에는 조선공산당이 결성되면서 사회주의는 민족문제를 해결하는 한 방법으로 자리잡기 시작했다. 그러나 좌우로 이념이 나뉘면서 민족운동 진영은 갈등을 빚다가, 이념의 차이를 넘어 민족문제를 해결하고자 사회주의와 합작을 추구하였다. 그것이 바로 신간회 결성이었다.

신간회 안동지회는 1927년 8월에 결성되었다. 창립 당시부터 그 이름을 드러낸 오미 사람으로 김재연(金在淵, 1904~1940)이 있다. 그는 1929년 1월에 간사로 선출되었으며, 1929년 8월에는 집행위원으로 뽑혀 활동하였다. 하지만 구체적으로 그의 활동 내용과 모습이 민족운동의 진영에는 드러나지 않아 아쉽다.

3) 광주학생운동의 선봉에 서다

광주학생운동과 김보섭

3·1운동 이후 민족운동의 방향을 새롭게 모색하는 과정에서 새로운 이념을 받아들이고 이를 대중에게 보급하는 데 앞장선 계층은 학생청년이었다. 특히 광주학생운동은 1920년

대 학생운동의 사상적·조직적 변화를 드러낸 전민족적 투쟁이었으며, 따라서 사회주의 사상이 그 이념적 바탕으로 작용하였다. 이러한 측면에서 볼 때, 광주고등보통학교(이하 광주고보) 독서회를 조직하고, 광주학생운동의 선봉에 섰던 김보섭(金普燮, 1911~1968)의 활동은 오미마을 민족운동사에서 빼놓을 수 없다.

김보섭은 학호(鶴湖) 김봉조(金奉祖)의 11대손인 김면수(金冕秀)의 넷째 아들로 태어났다. 오미마을에 본적을 두고 있었으나 전라남도 나주군 나주면 금정(錦町)으로 삶의 터전을 옮겼다. 김보섭이 광주고보에 입학한 때는 만 14세가 되던 1925년으로 추정된다. 광주학생사건이 일어난 1929년에 그가 5학년에 재학하고 있었다는 기록이 이를 말해준다.

김보섭은 광주고보에 재학하면서 학생운동에 상당한 열의를 쏟았다. 특히 광주지역의 항일 학생운동을 이끌어왔던 성진회(醒進會)가 1927년 3월에 해산되자 후속 모임을 조직하는 데 노력하였다. 광주의 광주고보·광주농업학교·광주사범학교에서 각기 후속 모임이 조직되었다. 1928년 10월 광주고보에서는 김보섭·김몽길(金夢吉)·여도현(呂道鉉)·김상환(金相奐) 등이 성진회 사업을 논의하고 매달 두 번씩 정기적 모임을 열기로 결정하였다. 광주고보의 이 모임은 1929년 6월 하순 바로 '광주고보 독서회'라는 학생비밀결사로 탈바꿈하였다.

이 조직은 성진회를 지도했던 장재성(張載性)의 권유로 이루어졌다. 1929년 6월 도쿄 주오 대학(中央大學) 유학생활을 정리하고 고향에 돌아온 장재성이 각 학교의 모임을 좀 더 조직적으로 바꾸라고 설득한 것이다. 이에 따라 광주고보·광주농업학교·광주사범학교의 학생 7명은 장재성과 함께 6월 중순 모임을 갖고 '독서중앙부'라는 비밀결사를 조직하였으며, 이어서 그 아래에 각 학교마다 독서회를 만들었다. 이 가운데 성진회를 잇고 있던 광주고보의 모임이 '광주고보 독서회'로 바뀐 것이다.

김보섭은 장재성을 중심으로 김상환·윤창하(尹敞夏)·김대원(金大元)·오쾌일(吳快一)과 함께 모임을 열고 독서회 결성으로 방향을 정한 뒤, 6월 하순에 약 20명이 무등산에 모여 계획한 것을 실천에 옮겼다. 이 회합에서 장재성은 "조선민족은 일본제국 때문에 압박을 받고 있고, 조선의 현 사회조직은 불평등한 자본주의 사회이므로 우리 동지들은 공고한 단결로써 사회주의를 연구하여 현 제도를 타파하고 사회주의 사회를 실현할 필요"가 있다고 역설하였다. 그러자 김보섭과 김상환은 적극 나서서 사회주의를 연구하는 비밀결사를 만드는 데 힘쓰기로 하였다.

이 모임에 참석한 학생들은 당시 5학년인 김보섭·김상환·문학연(文學淵)·김동은(金東垠)과, 이미 1928년 동맹휴교 당시 3학년생으로서 퇴학당한 오쾌일·윤창하·윤재병(尹在炳)·김대원·박석훈(朴錫壎)·김무삼(金戊三), 4학년 재학 중인 김용준(金容俊), 3학년의 박기원(朴基源)·김종섭(金鍾燮)·주경석(朱庚錫)·김재동(金載棟)·강민섭(姜旻燮)·김병기(金炳基), 2학년 재학 중인 조계현(曺繼鉉)·최규문(崔圭文)·김홍남(金鴻南)·정석규(鄭錫奎)·이형우(李亨雨)·강문영(姜文永)·이영범(李榮範) 등이었다. 여기서 김보섭은 최고 학년이었고, 그만큼 그의 역할이 중요했으리라 짐작된다.

이들은 독서회의 조직으로 4개의 부서를 두었는데, 김보섭은 재정부위원을 맡았다. 그리고 전 회원을 5개 그룹으로 나누고, 오쾌일·김보섭·김상환·윤창하·김대원을 각 그룹의 대표로 뽑았다. 그리고 그룹별로 사회주의를 연구할 것, 장재성은 외부에서 회를 지도할 것, 회비는 매년 20전으로 할 것, 회원은 비밀을 엄수할 것 등을 결의하였다.

광주고보 독서회원들은 그룹별로 모임을 가지면서 활동을 계속한 것으로 보인다. 또 독서회 중앙부가 설립한 소비조합에 50여 원을 거두어 출자하기도 하였다. 그런데 광주고보 독서회는 9월 중순 모임에서 회원들 사이에 의견 충돌이 생겨 독서회를 해산하기로 결정했다고 한다. 이는 독서회 중앙부의 해산으로까지 이어졌다. 자세한 사정은 알 수 없으나 회를 해산시킨 것은 조직의 보안을 위한 조처가 아닌가 짐작된다.

그 뒤로 광주고보 독서회는 다시 일어서지 못했다. 하지만 이들은 1929년 11월 3일 광주학생들의 항일투쟁에 앞장섰고, 특히 11월 12일에 있었던 2차 투쟁에서는 장재성의 지도를 받아 전단을 작성하고 시위행진을 지휘하였다.

이렇게 독서회를 중심으로 항일학생활동을 펼쳐 나가던 김보섭도 1929년 11월 3일 광주학생독립운동이 일어나자, 광주고보생 시위 대열의 선두에 서서 활약하였다. 이로 말미암아 5학년 학생이던 그는 1930년 3월 일경에 붙잡히고, 1930년 5월 대구복심법원에서 금고 6월 집행유예 5년형을 언도받았다. 또 독서회와 관련되어 1930년 10월에 광주지방법원에서 징역 3년 6월형을 선고받고, 항소하여 1931년 6월에 대구복심법원에서 징역 2년형에 처해졌다.

김보섭은 출옥한 뒤에도 여러 차례 검거당하였다. 정확하게 어떤 사건인지는 알 수 없으나 1932년 11월 19일 서울에서 나주로 붙잡혀가기도 하고, 1933년 10월 18일에는 오쾌일·손동출·이덕인·나종남 등과 함께 전남 경찰부에 붙잡히기도 했다. 그 뒤 김보섭의 활동은 드러나지 않는다. 1936

년 8월 5일에 열린 '나주유학생 친목회'에서 그가 위원장에 뽑혔다는 신문기사만 남아 있을 뿐이다. 이 단체는 말 그대로 친목단체 성격이 강한 듯하다.

민족의 독립을 위해 젊은 청춘을 불살랐던 김보섭은 1942년 31세로 삶을 마감하였다. 정부는 1968년 대통령표창에 이어, 제도를 바꾸면서 1990년에는 건국훈장 애족장을 그에게 추서하였다.

4) 동학으로 민족혼을 일깨우다

상주의 김낙세 · 김병탁 부자

김낙세(金洛世)는 설송(雪松) 김숭조(金崇祖)의 10대손으로, 김병탁(金秉鐸)은 그의 맏아들이다. 김낙세는 경북 상주 동학 총본부의 부교주로서 1911년부터 1943년 10월까지 30여 년 동안 동학을 포교하며, 민족의식을 드높이는 데 힘썼던 것으로 전해진다. 그 과정에서 김낙세는 1936년 6월에 체포되어 1개월 동안 취조를 받기도 했다. 한편 김병탁은 서울 중앙중학교에서 3년을 수학하고 1914년부터 관직에 있다가, 족친인 김지섭의 영향으로 1917년 관직생활을 접고 상주에 머물며 부친을 도왔다고 전해진다.

동학 포교를 통해 민중을 계몽하던 이들 부자는 1943년 10월 일본 경찰에 함께 붙들려 김낙세는 1년 6개월의 징역형을 받고 대구 형무소에서 옥고를 치르다가 1년 2개월 만인 1944년 11월 14일 옥중에서 75세의 나이로 순국하였다고 전해진다. 재판 과정에서 "조선 사람이 조선을 위해 하는 일에 왜 왜놈이 시비를 따지려 하느냐?"고 말해 일본인 재판장을 놀라게 만들었으며, 신문에 대해 묵비권을 행사하거나 재판을 거부하여 공판이 여러 차례 연기되었다고 한다. 그러나 이와 관련한 내용은 1차 자료가 없어 확인할 길이 없다.

김병탁에 대해서는 형무소에 수감된 기록인 '재소자 신분카드'가 그나마 남아 있다. 거기에는 1944년 8월 4일 보안법과 조선임시보안령 위반이란 혐의로 김병탁이 징역 1년형을 받은 사실이 담겨 있다. 구체적으로 무엇 때문에 '보안법 위반'이라는 올가미가 씌워진 것인지 알 수 없으나, 태평양 전쟁 마지막 무렵에 일제통치를 부정하거나 일제가 패전하리라는 말을 퍼뜨린 것이 아닌가 짐작할 뿐이다.

9 그들을 따라가기

후손들이 살았던 고단한 삶

안동 풍산읍 오미마을. 이곳은 민족운동사에서 빼어난 여러 인물을 배출한 곳이다. 스스로 목숨을 끊어 항거한 김순흠, 최초로 일본왕을 응징 대상으로 삼은 의열투쟁의 큰 별 김지섭, 하얼빈에서 일본군에 맞서 격렬한 전투를 벌이다가 순국한 김만수, 사회주의 이념을 갖고 만주·중국·러시아 지역에서 1930년 초반까지 줄기차게 투쟁한 김응섭, 제1차 조선공산당의 책임비서로서 사회주의와 민족문제를 연결시킨 김재봉, 고려공산청년회 일본부 오사카지회에서 노동운동으로 최후를 맞은 김병국, 이들은 모두 한국근대사에서 애국운동을 대표할 만한 큰 인물들이다. 이 밖에도 오미마을에 뿌리를 두고 있던 많은 이들이 3·1운동·광주학생운동·군자금 지원활동·대중운동 등 다양한 분야에서 공을 세웠다.

150호 남짓한 오미마을, 이곳 사람들이 펼친 활동을 보면 참으로 대단하다는 말이 절로 나온다. 그러나 정작 이 마을은 그동안 제 목소리를 내기 힘들었다. 대개 의열투쟁의 대명사인 김지섭만 이야기할 뿐이었다. 선두를 치고 나간 김응섭이나 그를 따라 나선 김재봉이 모두 사회주의 운동 노선을 걸었기에 드러내놓고 말할 처지가 아니었다. 더구나 김재봉은 제1차 조선공산당의 초대 책임비서가 아니었던가. 직계 후손들이 겪은 고생이야 무엇으로 다 말할 수 있을까. 외국 출장을 나가려면 여권을 받기 위해 신원조사를 거쳐야 하므로, 일부러 해외 출장이 없는 부서를 선택했다는 후손의 이야기를 들으면서, 그동안 그들이 겪은 마음고생이 얼마나 심했을까 짐작만 해 볼 따름이다. 문중에서는 차라리 숨기고 싶었을지도 모른다. 아니, 몇몇 조상 탓에 마을이 망했다고 원망하는 후손마저 있었는지도 모르겠다. 그만큼 냉전의 굴레는 그들에게 무거웠고, 후손들이 겪은 아픔도 컸던 것이다.

광복 60주년을 맞은 2005년은 이 마을에서 특별히 기억할 만한 해였다. 정부에서 사회주의 운동이 민족문제 해결에 기여한 부분을 학문적으로 검증한 뒤 독립유공자로 포상하는 데 이르렀다. 이에 따라 김재봉은 이웃 가일마을 출신이자 6·10만세운동의 총괄 지휘자인 권오설을 비롯한 여러 인사들과 함께 국가유공자로 인정받았다.

이제 마을 분위기는 바뀌었다. 부정적인 인식이 긍정적으로 바뀌기 시작하고, 숨죽이고 움츠리고 살아온 나날들을 지나, 가슴을 열어 제치는 날이 온 것이다. 이 세상을 떠나는 날까지 할아버지의 명예를 회복시켜 드릴 수 있을지 모른다며 가슴 조리고 살아온 후손들의 얼굴에 햇살이 드리워지고 웃음이 나타나기 시작했다. 이것은 몇몇 후손만의 기쁨이 아니라, 사실상 민족사 차원에서 높게 평가할 만한 일이다. 분단과 냉전으로 말미암아 잘라낸 역사, 남북한 어디에서도 제대로 평가받지 못하고 팽개쳐진 우리 역사를 다시 찾아내고 복원했기 때문이다.

추모하고 기리는 작업들

억눌려 살아온 세월만큼 그들을 기리자는 목소리도 크게 터져 나왔다. 2003년, 가일마을에 권오설을 기리는 기념비가 세워지던 무렵부터 뜻있는 이들 가운데 말이 오가던 기념사업 이야기는 김재봉의 포상과 더불어 속도가 붙기 시작했다.

김재봉 생가 입구에 세워진 어록비. 1922년 1월 모스크바에서 열린 극동민족대회에 참석하면서 써낸 글귀 "조선독립을 목적하고……"를 담았다.

점차 구체적인 그림이 그려지기도 했다. 마을 어귀 서쪽 언덕에 마을 출신 독립운동가들의 공적을 기리는 작은 공원을 만들자는 것이었다. 기념비 모양이 논의되고 성금을 모으는 일이 시작되었다. 그런 가운데 '근전 김재봉 선생 어록비'가 먼저 모습을 드러냈다.

건국훈장이 추서된 뒤 1년이 지난 2006년 4월 29일, 김재봉 어록비를 세웠다. 그가 태어난 참봉댁 앞에 5백 명이나 되는 축하객들이 빼곡하게 들어찼다. 어록비에는 그가 1922년 모스크바에서 극동민족대회에 참가한 목적으로 밝힌 "조선의 독립을 목적하고"라는 친필 글씨를 새겼다. 참석자 모두 깊이 우러나는 마음으로 추모하고, 이미 노년이 된 손자가 흘리는 감격의 눈물을 지켜보며 함께 기뻐하고 축하하였다.

또 하얼빈에서 일본군과 전투를 벌이다가 장렬하게 순국한 김만수의 생가터에도 설명을 담은 초석을 놓았다. 독립운동사 전체를 돌아보아도, 정말 보기 드문 전사(戰士)가 이 마을에서 태어난 것이다.

그리고 2008년 10월 11일, 마침내 '오미 광복운동 기념공원'이 완성되었다. 말을 꺼낸 지 5년 만에 맺은 결실이다. 오미마을에서 태어났거나, 몇 대 앞서 다른 곳으로 옮겨간 집안 후손으로서 독립운동에 참가한 24명의 활동 내용을 간단하게 담은 기념탑을 세웠다. 이와 함께 오미마을 사람들은 기념탑 아래에 후손들에게 전할 타임캡슐을 묻었다. 풍산김씨 허백당 문중의 생활상이 담긴 풍산김씨 세보와 세적, 마을의 책과 사진, 화폐와 오곡의 씨앗들도 거기에 넣었다. 그러면서 "이 탑이 건재하다면 500년 뒤에 열어보고 조상들의 삶을 상고하기 바란다"는 글을 담았다. 후손들에게 조상들의 자랑스러운 삶을 헤아리며 오래오래 이어가길 바란다는 뜻을 전하는 것이다. 이는 겨레의 양심을 지켜갔던 조상들을 자랑스러워하고, 이제 자신들이 그 길을 이어가며, 뒷날을 책임질 후손들에게 바른 길을 보여준다는 뜻에서 나온 일이다.

자랑이 결코 조상들만의 몫은 아니다. 자랑스러운 선조가 되는 일은 이제 우리의 몫이다. 그래야만 뒷날 후손들이 우리를 자랑으로 여기게 될 것이기 때문이다.

오미 광복운동 기념탑

부록

1 도림강당
2 김만수 생가터 및 기념비
3 김병국 생가
4 김지섭 생가터
5 김병필 생가
6 화수당(오릉학술강습회)
7 김구현·김지현 생가터
8 영감댁(김정섭·김이섭·김응섭의 생가)

오미마을 민족운동유적지 지도

9 참봉댁(김재봉 생가 및 어록비)
10 허백당종택(김창섭 생가)
11 검사댁(김응섭의 거주지)
12 삼벽당(김병택 생가)
13 남경제(김이섭의 만년 거주지)
14 김주섭 생가터
15 김상섭 생가
16 김재연 생가
17 구강댁(김헌섭의 생가)
18 오미광복운동기념공원